Trevor McIlwain / Nancy Everson

Geborgen in Christus

Auf festen Grund gebaut 1

Widmung

Dieses Buch ist mit großer Dankbarkeit unserem Herrn Jesus Christus und seiner Gemeinde gewidmet, unter zuversichtlichem Gebet, dass er sein Wort gebrauchen wird,

um einzelne Gläubige und seine Gemeinde aufzubauen und zu stärken und

um Bibellehrer zu berufen, die gehen und andere lehren werden, die wiederum andere lehren werden, die ebenfalls andere lehren werden ...

„Durch Mose wurde das Gesetz gegeben, aber durch Jesus Christus ist Gnade und Wahrheit zu uns gekommen."

(Joh 1,17)

Dank

Dieses Buch ist das Ergebnis einer Gemeinschaftsarbeit, die mit viel Gebet und in Abhängigkeit von unserem Herrn Jesus Christus geleistet wurde.

Nachfolgend aufgeführt sind einige Personen, die zum Entstehen der englischen Originalausgabe dieses Buches wesentlich beigetragen haben:

Don Pederson: Projektleitung

Ruth Bean Brendle: Bearbeitung

Dean VanVliet: Theologische Überprüfung

Frances McIlwain und Lillian Sheffield: Korrekturlesen

Monty Morgan: Umschlaggestaltung

David Sawatzki: Vision und Ermutigung

Sue Watt: Gebet

Besonderer Dank geht an die Leiterschaft von *New Tribes Mission.*

Danke auch an alle anderen, die durch ihre Gebete, Anteilnahme, guten Ratschläge und vieles mehr an dem Projekt beteiligt waren!

An der deutschen Ausgabe beteiligt waren, neben dem Übersetzer Michael T. Schmid: Heike Johnston, Debora Ruess, Alexander vom Stein, Heiko und Barbara Hagemann.

GEBORGEN IN CHRISTUS

Auf festen Grund gebaut 1

Trevor McIlwain / Nancy Everson

rigatio — Ein **12-WOCHEN-KURS** für Einzelne und Gruppen — **ZUSATZMATERIAL** www.rigatio.com

Über die Autoren

Trevor McIlwain wurde 1937 in Kempsey, Australien geboren. Er war viele Jahre der internationale Koordinator für Gemeindegründung der *New Tribes Mission* (NTM) und bereiste viele Länder, um Missionaren in Fragen der Gemeindegründung zu helfen und auf Konferenzen zu sprechen.

Trevor und seine Frau Fran sind 1965 als Missionare zum Volksstamm der Palawano auf die Philippinen gezogen und haben dort neun Jahre lang gearbeitet. Danach hat Trevor mehrere Jahre an der Missionsschule von NTM in Australien unterrichtet. Er und seine Frau haben zwei erwachsene Kinder.

Nancy Everson hat viele Jahre bei NTM-USA im missionseigenen Verlag mitgearbeitet. Sie hat maßgeblich dazu beigetragen, dass die chronologischen Bibellektionen, die Trevor McIlwain ursprünglich für die Palawano erarbeitet hatte, auch in anderen Sprachen erscheinen konnten.

Bibelzitate wurden der NEÜ Bibel.heute von 2010 entnommen.
© Karl-Heinz Vanheiden

McIlwain, Trevor / Everson, Nancy
Geborgen in Christus
Auf festen Grund gebaut 1

Titel des amerikanischen Originals

Secure in Christ, © 1999 New Tribes Mission, Sanford, FL 32771-1481, USA. All rights reserved.

ISBN 978-3-95473-005-6

© 2013 der deutschen Ausgabe rigatio – ein Verlag der Buhl Data Service GmbH

Übersetzung: Michael T. Schmid

Umschlaggestaltung: rigatio

Satz: www.jensweigel.de, Marburg

Druck: Kösel, Altusried

Inhalt

Vorwort zur deutschen Ausgabe

Was muss ich tun, um gerettet zu werden? Das ist eine wirklich wichtige Frage, die damals von einem Mann ausgerufen wurde, in dessen Obhut sich Paulus und Silas befanden.

Viele Menschen sind sich darüber auch heute nicht im Klaren. Was muss oder was kann ich tun, um gerettet zu werden? Was muss ich tun, um gerettet zu bleiben?

Schon seit vielen Jahren ist es uns in der Missionsarbeit unter Volksgruppen, die zum ersten Mal die frohe Botschaft in ihrer eigenen Sprache hören, wichtig, ihnen die biblische Botschaft gründlich von der Schöpfung bis zur Auferstehung von Jesus Christus zu erklären, damit sie das Evangelium wirklich verstehen können.

Wenn dann Menschen zum Glauben an Jesus Christus gekommen sind und richtig Appetit auf das Wort Gottes bekommen haben, beginnt die Arbeit. Die neugeborenen Kinder in Christus müssen angeleitet werden und gute Nahrung bekommen. Es ist so wichtig, dass sie ihre Stellung in Christus verstehen und darin für Gott leben.

Dieser Kurs erklärt in einfach zu verstehenden Lektionen, was Jesus Christus für uns getan hat und wie geborgen wir durch sein Tun sein dürfen.

Es gibt in unserer Welt nur zwei Wege, wie Menschen meinen, zu Gott zu kommen: tun und getan. Während wohl mehrere Milliarden Menschen davon überzeugt sind, etwas tun zu müssen, herrscht auch im Christentum einige Unsicherheit darüber. Dabei leuchtet die biblische Botschaft heute noch genauso klar wie damals im Gefängnis in Philippi: Es ist alles schon getan! Nehmen Sie es einfach im Glauben an den Herrn Jesus Christus an, und Sie werden errettet werden!

Mit Freude möchten wir diesen Kurs jedem Nachfolger empfehlen.

Heiko Hagemann, NTM-Deutschland

Über die Reihe *Auf festen Grund gebaut*

Geborgen in Christus – Auf festen Grund gebaut 1 ist der erste Folgekurs von *Auf festen Grund gebaut – Von der Schöpfung bis Christus*.

Das gesamte chronologische Bibelstudium *Auf festen Grund gebaut* umfasst folgende Kurse:

- *Auf festen Grund gebaut – Von der Schöpfung bis Christus*
- *Geborgen in Christus – Auf festen Grund gebaut 1*
- *Gemeinde in Christus – Auf festen Grund gebaut 2*
- *Gerecht in Christus – Auf festen Grund gebaut 3*
- *Erlöst in Christus – Auf festen Grund gebaut 4*

Chronologische Bilder

Die zu den Kursen zu verwendenden Bibelbilder sind als Set von 105 farbigen Bildern in Din-A4- oder Din-A3-Format, laminiert oder unlaminiert, oder als CD-ROM erhältlich.

Das Set enthält alle Bilder, auf die in den einzelnen Kursen dieser Reihe Bezug genommen wird. Diese farbigen Bilder sind sehr nützlich für kleine bis mittelgroße Gruppen und gut dazu geeignet, die Aufmerksamkeit der Zuhörer zu erhalten, da die Bilder sehr detailliert gemalt wurden und historische Einzelheiten genau wiedergeben. Für größere Auditorien eignet sich das Projizieren der Bilder von der CD-ROM mithilfe eines Beamers.

Jedes chronologische Bild hat seine eigene Nummer und seinen eigenen Titel, sodass der Kursleiter die entsprechenden Bilder für die einzelnen Lektionen schnell heraussuchen und während des Lehrens zuordnen kann.

Kursleiter, die das Chronologische Bilderset bereits besitzen, weil sie es schon zum Unterrichten der 50 Lektionen von *Auf festen Grund gebaut* benutzt haben, haben somit auch schon alle für diesen Kurs benötigten Bilder.

Kursleiter, die das Bilderset nicht besitzen, können über www.rigatio.com auf die für diesen Kurs benötigten Bilder zugreifen.

Das erste Buch dieser Reihe, *Auf festen Grund gebaut – Von der Schöpfung bis Christus*, ist sowohl bei rigatio als auch bei NTM erhältlich.

Die obig erwähnten verschiedenen Ausführungen der chronologisch angeordneten Bilder und weiteres Anschauungsmaterial, wie die chronologischen Landkarten, sind bei NTM erhältlich.

Bestelladressen:
www.rigatio.com

NTM e.V.
Scheideweg 44
42499 Hückeswagen
Tel.: 02192 – 9367-0
Fax: 02192 – 9367-29
E-Mail: books@ntmd.org
www.ntmd.org

Über diese Lektionen

Welches Ziel verfolgen diese Lektionen?

Diese Lektionen sollen Gläubigen helfen, die biblische Grundlage für ihre Geborgenheit in Christus zu verstehen.

Für wen sind diese Lektionen?

Diese Lektionen sind für all diejenigen, die an Christus glauben, insbesondere für neue Gläubige.

Wer wird am meisten von diesen Lektionen profitieren?

Alle Gläubigen werden von den Lektionen profitieren, insbesondere diejenigen, die schon aus *Auf festen Grund gebaut* unterrichtet worden sind.

Welcher Zeitrahmen ist für diesen Kurs vorgesehen?

Die dreizehn Lektionen sind so konzipiert, dass man sie in einem Vierteljahr durchnehmen kann. Sie können aber auch über einen längeren oder kürzeren Zeitraum unterrichtet oder studiert werden.

Ist dieses Material für ein Selbststudium geeignet?

Ja, es kann zum persönlichen Studium benutzt werden. Wenn Sie allein studieren, dann machen Sie von den zusätzlichen Hilfen Gebrauch, die dem Leiter angeboten werden (auf der ersten Seite jeder Lektion und in den Seitenspalten).

Ist dieser Kurs für Gruppendiskussionen vorgesehen?

Die Lektionen behandeln ein breites Spektrum an Inhalten und werden am besten vermittelt, wenn der Kursleiter mit möglichst wenigen Unterbrechungen unterrichten kann. Der Leiter kann während der Lektion häufig mit den Zuhörern in Diskussion treten, um sicherzustellen, dass sie verstehen, was unterrichtet wird.

Am Ende jeder Lektion ist die Beteiligung der Zuhörer aber besonders wichtig. Der Lehrer sollte für das Ende der Lektion Zeit einplanen, damit die Zuhörer besprechen können, was unterrichtet wurde und was sie gelernt haben.

Was wird in diesem Kurs behandelt?

Dieser Kurs gibt einen kurzen Rückblick auf die alt- und neutestamentlichen Lektionen, die in *Auf festen Grund gebaut* behandelt werden. Der Rückblick ist für Gläubige vorgesehen und betont die Geborgenheit des Gläubigen in Christus. Zusätzliche alttestamentliche Geschichten sind als Vorbereitung für das Verständnis der neutestamentlichen Briefe hinzugefügt worden.

Geborgen in Christus schafft eine historische und theologische Grundlage für den späteren Unterricht der Apostelgeschichte und für den Rest des Neuen Testaments.

Die lehrmäßigen Schwerpunkte sind *Jesus Christus* und die *Segnungen*, die Gott den Gläubigen in Christus schenkt.

Welche Lehrthemen werden in diesen Lektionen hauptsächlich behandelt?

1. Alle Segnungen Gottes sind für diejenigen, die in Jesus Christus sind.

2. Es gibt keine Verdammnis für diejenigen, die in Jesus Christus sind.

3. Es gibt keine Trennung von Gott für diejenigen, die in Jesus Christus sind.

   Diese drei Lehrthemen betonen die **Geborgenheit** des Gläubigen. Jesus Christus erfüllte alle alttestamentlichen Prophezeiungen über den verheißenen Befreier. Er erfüllte alle gerechten Anforderungen Gottes stellvertretend für alle Menschen, die ihm vertrauen.

   Alle, die an Jesus Christus als ihren Erretter glauben, sind gerechtfertigt – völlig angenommen von Gott, ihrem Vater. Sie haben Teil an allen Segnungen Gottes in Jesus Christus. Sie können niemals getrennt werden von der Liebe Gottes, an der sie sich jetzt in dem Herrn Jesus erfreuen.

4. Gott, der Heilige Geist, war und ist in der Welt tätig.

   Gott-Vater, Gott-Sohn und Gott-Heiliger Geist sind ewig. Das Wirken des Heiligen Geistes beginnt mit seiner Rolle in der Schöpfung. In der Geschichte Noahs verurteilte der Heilige Geist die Menschen und bat sie inständig, Buße zu tun. Später wirkte der Heilige Geist im Leben Josefs, Bezalels, der Richter, Sauls, Davids und der Propheten Gottes. (Aus vielen möglichen Beispielen sind diese in den Lektionen erwähnt.) Im Neuen Testament zeigt sich der Heilige Geist im Leben und Wirken Johannes des Täufers.

   Die größte Entfaltung der Fülle, Kraft und Zulänglichkeit des Heiligen Geistes kommt in der Geburt, der Taufe, dem Leben, Wirken, Tod und der Auferstehung unseres Herrn Jesus zum Ausdruck.

   Bevor Jesus in den Himmel auffuhr, versprach er, den Heiligen Geist zu senden, um in allen Gläubigen zu wohnen und sie zum Christsein zu befähigen. Diese Wahrheit wird in Johannes 14, Johannes 16 und Apostelgeschichte 1 gelehrt.

Welche konkreten Ziele werden durch diesen Kurs verfolgt?

1. Gläubige sollen sich des Wertes der Gnade Gottes mehr bewusst werden, ebenso der vollkommenen Fürsorge Gottes für sie im Herrn Jesus Christus.

   Im ersten Buch dieser Reihe, *Auf festen Grund gebaut*, wurde betont, dass Ungläubige „ausgeschlossen" – getrennt von Gott – sind und ohne jegliche Hoffnung. Adam und Eva wurden aus dem Garten „ausgeschlossen", und die ungläubige Menschheit wurde aus der Arche „ausgeschlossen".

   In den vorliegenden Lektionen *Geborgen in Christus* wird betont, dass Gläubige durch Jesus Christus in Gott geborgen sind. Wir sind „eingeschlossen", genauso wie Noah und seine Familie von Gott in der Arche „eingeschlossen" waren. Alle, die an Christus glauben, sind mit Gott versöhnt und mit der Gerechtigkeit Christi bedeckt worden. Aufgrund von Jesu Tod, Begräbnis, Auferstehung und Himmelfahrt werden wir vor Gottes Gericht bewahrt.

   Gläubige werden ermutigt, sich an Gottes Gnade und ihrer neuen Stellung in Christus zu erfreuen. Diese Lektionen betonen die Fülle der Errungenschaften Jesu für uns.

   Das Gesetz gab nicht die Kraft, seinen Anforderungen zu gehorchen. Aber in Christus bekommen wir die Kraft, allem zu gehorchen, wozu Gott uns als Gläubige auffordert. Diese Wahrheiten werden Gläubigen helfen, Gesetzlichkeit und eigenes Bemühen zu vermeiden, wenn sie sich später mit den Aufgaben beschäftigen, die in den neutestamentlichen Briefen genannt werden.

Anstatt zuerst zu lehren, was Gläubige **tun** müssten, lehren diese Lektionen zuerst, **was Christus für uns getan hat.** Diese Wahrheiten sind besonders wichtig für Neubekehrte, aber nicht nur für sie. Alle Gläubigen können noch mehr erfassen, was Christus für uns getan hat, und dazulernen, was es heißt, sich daran zu erfreuen. Mit dieser Grundlage können wir lernen, **in der Kraft zu gehorchen, die er schenkt.**

Weil das Herz des Menschen von Natur aus stolz ist, neigen auch Gläubige zur Gesetzlichkeit. Wenn sie lernen, was Gott von ihnen als seinen Kindern erwartet, verlassen sie sich schnell auf sich selbst und ihr eigenes Bemühen, anstatt bei den Prinzipien der Gnade und des Glaubens zu bleiben. Dies trifft besonders auf Menschen zu, die aus gesetzlichen religiösen Systemen errettet worden sind, in denen sie zu ständigem eigenem Bemühen aufgefordert waren. Wenn Gläubige nicht fest in den Prinzipien der Gnade und des Glaubens gegründet sind, werden sie meist die *Werke* des Gläubigen falsch auslegen. Sie werden Werke als etwas verstehen, das sie tun müssen, um ihre Stellung des Friedens mit Gott und der Annahme von Gott zu wahren.

Gott verlangt Gerechtigkeit. In der Person seines Sohnes hat er die Voraussetzung zur Erfüllung all seiner Anforderungen geschaffen. Wir und unsere Kursteilnehmer müssen diese Wahrheit begreifen, damit wir uns zu eigen machen können, was Gott für uns bereitet hat. In Römer 5,10 steht: *„Denn durch den Tod seines Sohnes hat Gott uns ja schon versöhnt, als wir noch seine Feinde waren. Deshalb werden wir jetzt, nachdem wir versöhnt sind, erst recht durch die Kraft seines Lebens gerettet werden."*

2. Gläubige sollen für das Studium der Apostelgeschichte und die Lehre über die Taufe mit dem Heiligen Geist an Pfingsten vorbereitet werden.

In der Bibel hat Gott die Lehre über den Heiligen Geist im Laufe der Zeit und an realen, historischen Orten geoffenbart. Wenn Gläubige diese Offenbarung der Reihe nach betrachten, steigert das ihre Wertschätzung für die unbegreifliche Tatsache, dass Gott in den Gläubigen wohnt und unseren Körper seinen Tempel nennt.

Um für das Kreuz angemessen dankbar sein zu können, muss ein Mensch zuerst dem gerechten Urteil Gottes über die Sünde, wie im Alten Testament gelehrt, ausgesetzt worden sein. Genauso kann man das Wunder, dass Gott durch seinen Heiligen Geist in allen Gläubigen wohnt, nicht vollständig verstehen, bis man von dem Erscheinen der Herrlichkeit Gottes im Tempel und in der Stiftshütte gehört hat. Der Heilige Geist wohnt dauerhaft in allen Gläubigen. Was für eine wunderbare Wahrheit im Vergleich zur zeitlich be-

grenzten Beziehung, die die Menschen mit dem Heiligen Geist vor Pfingsten hatten!

Alle Gläubigen müssen verstehen, dass der Heilige Geist die Kraft hat, Gottes Absichten in der Welt und im Leben seiner Kinder zu allen Zeiten zu verwirklichen. Dann haben wir bessere Voraussetzungen, wirklich zu verstehen, was geschah, als der Heilige Geist an Pfingsten kam, und dafür zutiefst dankbar zu sein. Jesus sandte den Heiligen Geist, um alle Gläubigen anzuspornen und zu befähigen.

3. Neue Gläubige sollen Zeit zum Nachdenken und zur Festigung bekommen.

Manche äußern den Wunsch, errettet zu werden, sind aber vielleicht gerade einfach sehr emotional oder haben die Botschaft der Errettung nicht richtig verstanden. Diese Lektionen betonen die Vollkommenheit des errettenden Werkes Christi für Sünder. Dieser Kurs wird den Teilnehmern helfen, ihren eigenen Glauben auf der klaren Grundlage des Wortes Gottes zu beurteilen.

4. Gläubige sollen in ihrem Wissen und Verständnis des Alten Testaments gestärkt werden.

Viele Gläubige haben kein klares Verständnis der alttestamentlichen Geschichten. Der kurze Rückblick, der in diesen Lektionen geboten wird, dürfte in dieser Hinsicht hilfreich sein. Wenn dann später in der Apostelgeschichte und in den Briefen auf diese alttestamentlichen Ereignisse und Persönlichkeiten Bezug genommen wird, werden sie schon damit vertraut sein.

5. Gläubige sollen die Möglichkeit bekommen, sich mit den Gläubigen des Alten Testaments zu identifizieren – mit ihrem Glauben, ihrer Hoffnung und ihrem Lobpreis.

Vielleicht haben manche Gläubige die Geschichten des Alten Testaments nur gehört, als sie noch nicht errettet waren. Sie werden begeistert sein, wenn sie beim Zurückschauen während des Kurses die Zusammenhänge verstehen. Sie können sich mit den Gläubigen des Alten Testaments identifizieren, mit ihrem Glauben und ihrer Hoffnung hinsichtlich des kommenden Befreiers, und den Lobpreis nachempfinden, den diese bei der Geburt Jesu an Gott richteten.

6. Bilder von Christus im Alten Testament werden vorgestellt.

Die detaillierten Bilder von Christus im Alten Testament sind eines der großen Zeugnisse für Gottes Autorenschaft der Bibel und für die Einheit der Schriften. Diese Lektionen geben einen kurzen Einblick in einige dieser wunderbaren Bilder, wie zum Beispiel das der Stiftshütte.

Die Lektionen in *Auf festen Grund gebaut* blickten voraus auf das Neue Testament. Die Lektionen in *Geborgen in Christus* dagegen blicken zurück auf das Alte Testament. Es wird eine Freude sein, auf diese tiefgehenden Parallelen, die Gott in seinem Wort aufzeigt, zurückzublicken. Diese Lektionen richten das Augenmerk auf Jesus Christus – vorrangig im Panorama der Zeitgeschichte.

„Aus seinem unendlichen Reichtum hat er uns mit aller erdenklichen Gnade überschüttet. Durch Mose wurde das Gesetz gegeben, aber durch Jesus Christus ist Gnade und Wahrheit zu uns gekommen" (Joh 1,16-17).

So ist's gedacht

Bibelstellen (in den inneren Seitenspalten)

Diese sind zur Vorbereitung der Lektionen gedacht und nicht unbedingt als Teil der Lektion. Der Kursleiter oder -teilnehmer kann sie als Hilfe für ein besseres Verständnis der einzelnen Punkte der Lektion verwenden.

Die Lektionen dieses Kurses sollen den Teilnehmer auf ein späteres Studium der Apostelgeschichte und der Briefe vorbereiten. Die Bibelstellen werden daher zu einem späteren Zeitpunkt näher behandelt.

Anmerkungen für den Kursleiter

(in den äußeren Seitenspalten)

Diese sind als Hilfe für den Leiter oder für das Selbststudium gedacht. In den Seitenspalten ist auch Platz für eigene Anmerkungen und Verweise.

Zusatzinformationen für den Kursleiter

Diese kurzen Artikel sollen den Blick des Leiters (oder des Einzelnen im Selbststudium) auf Jesus Christus richten. Sie sind nicht für das Studium in einer Gruppe vorgesehen, sondern für den persönlichen Gebrauch. Eine ausführliche Einführung in das Material finden Sie unter www.rigatio.com.

Anschauungsmaterial

In die Lektionen sind immer wieder Bildvorschläge eingearbeitet. Diese jeweils benötigten chronologischen Bilder sind hier aufgelistet, sodass der Kursleiter im Voraus das benötigte Material heraussuchen kann.

Sonstige Grafiken oder Tabellen sind nicht in gedruckter Form erhältlich, sondern können vom Kursleiter selbst angefertigt werden.

Die in den Lektionen 6 und 11 erwähnte *Landkarte 1* ist Teil des Begleitmaterials von *Auf festen Grund gebaut*. Kursleiter, die die chronologischen Landkarten nicht besitzen, können diese entweder bei NTM bestellen oder sie über www.rigatio.com herunterladen.

Wo die verschiedenen Ausführungen von chronologisch angeordneten Bildern sowie weiteres Anschauungsmaterial erhältlich sind, erfahren Sie unter *Über die Reihe „Auf festen Grund gebaut"* auf Seite 7.

Wiederholungsfragen

Eine kurze Wiederholung der Fragen aus der vorherigen Lektion wird hilfreich sein, um den Zusammenhang des Kurses zu wahren und sicherzugehen, dass die Kursteilnehmer die vorherige Lektion verstanden haben und sich daran erinnern.

Die Lektion

Es ist wichtig, dass Sie sich Zeit nehmen, die Lektion selbst zu lesen und zu durchdenken, bevor Sie anfangen, andere zu unterrichten.

Sobald Sie die Wahrheiten der Lektion studieren und sich darüber Gedanken gemacht haben, ist es vielleicht sinnvoll, Schlüsselworte farbig zu markieren, die Ihnen beim Lehren eine Hilfe sein werden.

Die Lektionen sollen den Zuhörern nicht einfach vorgelesen werden. Sie sind dazu bestimmt, den Kursleiter mit ausreichend Material zu versorgen, damit der Unterricht dann aus dem persönlichen Studium fließen kann.

Vergessen Sie nicht: Es ist äußerst wichtig, die Bibelstellen zusammen mit den Lektionen zu studieren! Die Bibelstellen sind die Substanz dieser Lektionen.

Fragen

Denken Sie daran, am Ende jeder Lektion die Fragen durchzugehen. Das wird den Kursteilnehmern die Möglichkeit geben, ihr Verständnis in einigen Themenbereichen zu festigen und – wenn nötig – weitere Fragen zu stellen. Arbeitsblätter für die Kursteilnehmer plus Lösungen finden Sie auf www.rigatio.com.

Anmerkungen für Nachfolger

Das persönliche Studium von Gottes Wort, wofür man sich ausreichend Zeit nimmt, um über das Gelernte nachzusinnen und zu beten, ist für das Wachstum und die geistliche Gesundheit eines jeden Gläubigen unerlässlich.

Diese Anmerkungen sollen die Kursteilnehmer ermutigen, das persönliche Studium und das Gebet zu einer Gewohnheit zu machen.

Kein Lehrer, Prediger oder Unterricht kann die persönliche Zeit mit dem Herrn in seinem Wort ersetzen.

Wenn Sie unterrichten, ist es vielleicht sinnvoll, diese *Anmerkungen für Nachfolger* Ihren Kursteilnehmern mit auf den Weg zu geben. Wenn der Zeitrahmen es zulässt, können Sie miteinander besprechen, wie Gott in Ihrem Leben durch die persönliche Zeit mit ihm am wirken ist. Solch ein offener Austausch ist einer der besten Wege, feste Bindungen innerhalb der Gemeinschaft aufzubauen.

Möge Christus durch sein Wort verherrlicht werden!

Lektion 1

Unsere Vorrechte als Gläubige

Lektionsziele

- unsere Vorrechte als Gläubige aufzuzeigen;
- Jesus Christus als unsere Lebensquelle und den würdigen Mittelpunkt unserer Anbetung darzustellen;
- die Bibel als die Quelle der Wahrheit und das von Gott gegebene Mittel für geistliches Wachstum vorzustellen.

Diese Lektion soll den Kursteilnehmern helfen

- zu erkennen, was für ein Vorrecht es ist, Gott durch Jesus Christus anzubeten;
- verschiedene Beispiele kennenzulernen, wie sie ihren Lobpreis dem Herrn gegenüber zum Ausdruck bringen können;
- sich weiterhin auf Gottes Wort zu verlassen.

⟨⟩ Überblick

In dieser Lektion werden einige Vorrechte aufgezeigt, die Gläubige haben:

- Singen
- Beten
- Anbeten
- Danken
- Bitten
- Zeugnis geben

Der Schwerpunkt ist der Herr Jesus Christus, durch den wir diese großen Vorrechte und freien Zugang zu Gott empfangen haben.

Zusatzinformationen für den Kursleiter

„‚Würdig ist das Lamm, das geopfert worden ist, würdig zu empfangen die Macht und Reichtum und Weisheit, Stärke und Ehre, Ruhm und Anbetung!' Und jedes Geschöpf, das es gibt - im Himmel und auf der Erde, unter der Erde und im Meer - hörte ich mit einstimmen: ‚Dem, der auf dem Thron sitzt und dem Lamm gebühren Preis und Ehre, Ruhm und Macht für immer und ewig!'" (Offb 5,12-13).

Zum Zeitpunkt unserer Errettung wurden wir dieser Schar hinzugefügt, die unseren Herrn für immer im Himmel preisen wird. Und solange wir noch auf dieser Erde sind, haben wir das Vorrecht, ihn hier anzubeten. Genau dazu sind wir erlöst worden – um unseren Schöpfer jetzt und für immer anzubeten und zu preisen. Und wenn unsere Herzen voller Lobpreis für Gottes Liebe zu uns sind, dann wird diese Liebe in den Wunsch übergehen, anderen von seiner errettenden Gnade und Liebe zu erzählen.

Ps 96; 100; 145
Jes 43,7
Röm 5,1-11
Offb 5
1Kor 8,6

All unsere Anbetung und all unser Dienst kommen von ihm und gehen wieder an ihn zurück. Er ist die Quelle, der Ursprung des Lebens der Gläubigen. Wenn wir also unterrichten, dann wollen wir unseren Zuhörern diese Wahrheiten mit freudigem Herzen weitergeben. Ganz gleich, ob sie neu bekehrt oder schon seit vielen Jahren errettet sind, das Erkennen ihrer Vorrechte als Gläubige sollte sie mit Freude und Dankbarkeit unserem Herrn gegenüber erfüllen, denn er allein ist würdig.

Und wenn einige Kursteilnehmer ihr Vertrauen noch nicht auf Christus gesetzt haben, möge das Zeugnis Christi in unserem Leben sie neugierig machen, unseren Erlöser auch kennen zu wollen. *„Denn von ihm kommt alles, durch ihn steht alles und zu ihm geht alles. Ihm gebührt die Ehre für immer und ewig! Amen"* (Röm 11,36).

Lektionsentwurf

⇥ Einleitung

Durch Christus haben wir die Gabe des ewigen Lebens erhalten.

Unsere Sündenschuld wurde vollkommen bezahlt – auf Kosten seines Blutes, das für uns am Kreuz vergossen wurde.

Unser ewiges Leben begann in genau dem Moment, als wir unser Vertrauen auf ihn gesetzt haben.

Und wir werden den Rest unseres Lebens hier auf dieser Erde damit verbringen, dazuzulernen, was für ein großes Werk Gott für uns in Christus getan hat.

Durch das weitere Studium seines Wortes möchten wir lernen, wie wir ihn anbeten und ihm dienen können.

Offb 5,9-10; 19,5-8; 22,3

Gott möchte jetzt und in alle Ewigkeit von uns, dass wir den Herrn Jesus anbeten und ihm dienen.

Wir sind hier als an Jesus Christus Gläubige versammelt.

In dem Moment, als wir an Jesus Christus glaubten, wurden wir zu Mitgliedern seiner Familie.

„Doch allen, die ihn aufnahmen, die an seinen Namen glaubten, gab er das Recht, Kinder Gottes zu werden. Sie wurden das nicht aufgrund natürlicher Abstammung, durch menschliches Wollen oder den Entschluss eines Mannes, sondern durch eine Geburt aus Gott" (Joh 1,12-13).

Eph 1,10.22

Kol 1,18

Jesus Christus ist das Haupt seiner Familie und der Eigentümer eines jeden von uns.

- Er ist der Eigentümer und das Haupt dieser Versammlung von Gläubigen, die sich hier trifft.
- Und er ist das Haupt jeder Gemeinschaft von Gläubigen auf der ganzen Welt.

Jesus Christus ist jetzt in diesem Augenblick und immer mit uns.

- In Matthäus 28 sagte Jesus seinen Nachfolgern: *„Ich bin jeden Tag bei euch, bis zum Ende der Zeit."*
- Egal, ob wir zusammen oder allein sind, er ist mit uns.

Wir wurden durch Jesus Christus errettet und wir leben als Christen durch seine Kraft.

Heute werden wir über die Dinge sprechen, die wir als Gläubige tun.

Gal 2,20

Eph 2,8-10

Die Kraft und das Vermögen, diese Dinge zu tun, kommen nicht von uns, sondern von Jesus, unserer Lebensquelle.

- In Johannes 15,4-5 sagte Jesus zu seinen Jüngern: *„Bleibt in mir, und ich bleibe in euch! Eine Rebe kann nicht aus sich selbst heraus Frucht bringen; sie muss am Weinstock bleiben. Auch ihr könnt keine Frucht bringen, wenn ihr nicht mit mir verbunden bleibt. Ich, ich bin der Weinstock; ihr seid die Reben. Wer in mir bleibt und ich dann auch in ihm, trägt viel Frucht. Denn getrennt von mir könnt ihr nichts ausrichten."*
- Die Kraft, unser neues Leben in Christus zu leben, kommt von ihm.
- Alles ist nutzlos, was wir versuchen, aus unserer eigenen Kraft ohne ihn zu tun.

Kol 1,15-20

Genauso, wie wir durch Christus errettet wurden, leben wir auch durch Christus.

Alle Kraft kommt von ihm, und ihm gehört all unser Lobpreis.

Wir können den Herrn mit Singen preisen.

Wir können unseren Lobpreis an Gott durch unseren Gesang zum Ausdruck bringen.[1]

Kol 3,16

 Bedenken Sie

Es war nicht der Mensch, der die Musik erfunden hätte – Gott war es!

Im Buch Hiob sagt uns Gott, dass die Engel zuschauten, als er die Erde erschuf (seine Botschafter, die er schuf, damit sie ihm dienen), dass sie ihm Loblieder sangen und vor Freude jauchzten!

Hi 38,6-7

Im Himmel werden wir ihn für immer mit unseren Lobliedern preisen.

Wir brauchen nicht großartige Sänger zu sein – was Gott möchte, ist ein Lobpreis, der von Herzen kommt.

Wir können laut singen oder nur in unserem Herzen, zu jeder Zeit – Tag und Nacht.

Viele wunderbare Loblieder sind schon geschrieben worden.

Eph 5,19-20

Wenn Sie Lieder für das gemeinsame Singen auswählen, dann suchen Sie solche aus, die mit Gottes Wort übereinstimmen.

- Wählen Sie Lieder, die davon sprechen, was Gott gesagt hat über …
  seine Person
  seine großen Taten
  seine Gabe der Errettung durch Jesus Christus
  die Segnungen der Erkenntnis Jesu Christi
- Vielleicht haben Sie auch den Wunsch, Ihre eigenen Lieder zu schreiben.

Als Gläubige singen wir Gott unsere Lieder.

Um Jesu willen nimmt Gott unsere Lieder an.

Gott hat uns das Vorrecht des Gebets gegeben.

Beten ist nichts anderes, als mit Gott zu sprechen.[2]

Er ist unser Vater und er möchte, dass wir mit ihm sprechen – über alles.

1Thes 5,17
Kol 4,2

 Bedenken Sie

Wir möchten, dass unsere Kinder mit uns reden. Auf diese Weise bauen wir eine Beziehung zu ihnen auf.

Manchmal kann es aber sein, dass wir es müde sind, ihnen ständig zuzuhören.

Aber Gott ist es niemals leid, dass wir zu ihm kommen. Er möchte, dass wir immer mit ihm sprechen.

Was für ein Vorrecht, mit dem Schöpfer des Universums direkt sprechen zu können!

Wir können zu jeder Zeit zu ihm kommen – Tag und Nacht.

Wenn wir mit Gott sprechen, dann sollten wir im Namen Jesu beten.

Joh 14,13-14

Wir beten im Namen Jesu, weil wir wissen, dass Jesus der einzige Weg ist, durch den jemand zu Gott kommen kann.

Röm 5,1-2

✝ **Lesen Sie Johannes 14,6**

- Jesus vergoss sein Blut, um einen Weg für uns zu schaffen, durch den wir zu Gott kommen können.

Hebr 4,14-16; 6,19-20; 10,19-22

- Wenn wir zu Gott kommen und im Namen Jesu beten, dann ist es, als ob wir zusammen mit Jesus zu Gott sprechen würden.

1Kor 14,15-18

- Um Jesu willen, dem wir vertrauen, nimmt Gott uns an und hört uns zu.

Am Ende unseres Gebets sagen wir „Amen".

---

[1] Vielleicht möchten Sie die Kursteilnehmer ermutigen, sich bei Ihren Treffen mit Lob- und Anbetungsliedern zu beteiligen. Sie könnten Liederbücher für sie besorgen.

Vielleicht möchten manche auch ihre eigenen Lieder schreiben oder Lieder, die sie kennen, der Gruppe vorstellen.

Dies sollte geordnet ablaufen, aber es ist auch gut, Freiraum für spontanen Lobpreis zu lassen. Ein Kursteilnehmer könnte z. B. ein Lied zum Thema vorschlagen.

Das Singen sollte Ihnen bei Ihren Treffen eine zusätzliche Ermutigung und zum Segen sein.

[2] Neubekehrte fühlen sich oft unwohl, in einer Gruppe zu beten. Seien Sie sensibel dafür. Solange Sie nicht jede Person gut kennen, fragen Sie immer nach Freiwilligen, die beten möchten, anstatt jemanden dafür zu bestimmen.

Um das Beten in einer Gruppe zu fördern, kann man vorschlagen, dass alle zum Gebet die Augen schließen und einzelne spontan mit nur einem Satz ein Gebet sprechen.

Vermeiden Sie es, reihum zum Beten aufzufordern. Einige könnten immer noch zu schüchtern dafür sein.

Trotzdem: Ermutigen Sie die anderen zum Beten. Wenn jemand ein Gebetsanliegen bekannt gibt, können Sie vielleicht sagen: „Wer möchte für dieses Anliegen beten?"

Wenn wir als Lehrer einfach, spezifisch und ehrlich beten, dann lehren wir unsere Zuhörer, das Gleiche zu tun.

Wer den Sohn sieht - sieht den VATER

- Das bedeutet: „So sei es".

- Mit anderen Worten: Wir glauben, dass Gott uns gehört hat und tun wird, was am besten ist.

Wir beten Gott an und verehren ihn.

Gott allein ist der Anbetung und Verehrung wert. [3]

1. Tim 6,15-16

Offb 4,11; 5,12

Ps 145

Wenn wir beten, können wir unseren Lobpreis an Gott für seine Güte ganz persönlich zum Ausdruck bringen.

Denken Sie an seine Person und sein Wesen:

- Gott teilt sich den Menschen mit.

- Er ist ewig.

- Er ist allgegenwärtig und allwissend.

- Gott ist größer als alles und wichtiger als alles; er ist die oberste Autorität.

- Gott ist heilig und gerecht. Die Folge der Sünde ist der Tod.

- Gott ist allmächtig; nichts ist für ihn zu schwer.

- Er ist liebend, barmherzig und gnädig.

- Gott ist treu; er tut immer, was er sagt; er ändert sich nie.

Denken Sie an das, was Gott für uns getan hat:

- Er kam als Mensch auf die Erde, um für unsere Sünden zu sterben.

- Er zahlte die Todesstrafe für uns.

- Und weil er sündlos war, erstand er vom Tod.

Eph 3,20-21

Wir können ihn für seine Person und für das, was er getan hat, anbeten und preisen.

Wir danken Gott.

1Thes 5,18

2Kor 9,15

Wenn wir mit Gott im Gebet sprechen, können wir ihm für konkrete Dinge danken:

- Wir können zurückblicken und ihm dafür danken, was er in der Vergangenheit getan hat, insbesondere für unsere Errettung durch Jesus Christus.

- Wir können ihm dafür danken, was er jetzt in unserem Leben und im Leben derer tut, die wir kennen und lieben.

- Und wir können ihm dafür danken, was er in der Zukunft tun wird.

- Wir können uns die Zusagen ansehen, die er in seinem Wort versprochen hat, und ihm im Glauben dafür danken.

Wir wenden uns an Gott durch Jesus Christus.

Phil 4,6-7

1Pet 5,7

Eph 6,18

Gott möchte, dass wir unsere Anliegen an ihn richten.

- Kein Anliegen ist zu groß oder zu klein, um es unserem himmlischen Vater zu bringen.

- Er sorgt für uns und möchte, dass wir ihm jede Not sagen.

Wir können ihn bitten, uns seinem Sohn Jesus Christus ähnlicher zu machen.

Wir können ihn bitten, uns in unseren Nöten und den Nöten anderer zu helfen:

- geistliches Wachstum

- tagtägliche Probleme

- körperliche Bedürfnisse

Jak 5,16

Wir sollten ihn bitten, uns zu helfen, die Gute Botschaft von ihm anderen Menschen zu sagen, insbesondere denjenigen, die sie noch nie gehört haben.

[3] Die Psalmen sind eine wunderbare Quelle für biblischen Lobpreis und Anbetung. Nirgendwo sonst finden wir ein solches Panorama aus konkretem Lobpreis über Gottes Person und seine großen Taten. Und nirgendwo sonst finden wir einen solch offenen Ausdruck von menschlichen Gefühlen, die im Gebet und Lobpreis vor Gott gebracht werden.

Ermutigen Sie Ihre Zuhörer, die Psalmen zu lesen. Geben Sie aber auch zu bedenken, dass die Psalmen zur Zeit des Alten Testaments geschrieben wurden, vor dem Kommen Jesu Christi.

Gebete für Vergeltung gegen Feinde, wie wir sie in den Psalmen finden, sind für Christen nicht angemessen. Stattdessen sollten wir um Vergebung für unsere Feinde beten, wie auch wir in Christus Vergebung erfahren haben. Gott wird sich um Vergeltung kümmern (Röm 12,14-21).

Aber die Person Gottes bleibt unverändert. Die Psalmen sind eine große Ermutigung und Hilfe, wenn wir Gott Anbetung und Lobpreis bringen.

Wir sollten Gott bitten, dass er Menschen ihr Bedürfnis nach Errettung aufzeigt.

- Wir können beten, dass der Heilige Geist ihnen ihre Sünde und Gottes Heilig-keit zeigt.
- Wir können um Möglichkeiten bitten, ihnen Gottes Wahrheit mitzuteilen.

Joh
16,8-11

Wir können Gott all diese Anliegen bringen.

Wir können als Gruppe beten, und wir können beten, wenn wir allein sind.

Und wenn wir sehen, wie Gott unsere Gebete erhört, können wir uns zusammen darüber freuen.

2Kor 1,11

Wir sollen anderen Gläubigen erzählen, was Gott in unserem Leben tut.

Wir ehren Gott, wenn wir anderen sagen, wie er in unserem Leben wirkt.

Wenn wir uns als Gläubige versammeln, können wir den anderen mitteilen, was Gott uns persönlich lehrt:

Eph 4,29;
5,19

Offb 12,11

- wie er unsere Gebete erhört;
- wie er uns seinen Willen offenbart;
- wie er uns befähigt, dieses neue Leben als Gläubige auszuleben.

Es ist auch wichtig, unsere Nöte und Probleme miteinander zu teilen, damit wir füreinander beten können.

Wir sollen anderen, die nicht errettet sind, von Jesus Christus erzählen.

Als an Jesus Christus Gläubige haben wir das Vorrecht und die Verantwortung, anderen von ihm zu erzählen.

2Kor
5,14-21

Jeder kann Gottes Wort weitersagen und die Wahrheit bezeugen:

- wer Gott ist;
- wie der Mensch die Gemeinschaft mit Gott zerstört hat;
- wie Gott es möglich gemacht hat, durch den Tod, das Begräbnis und die Auferstehung Jesu Christi die Gemeinschaft wiederherzustellen.

Auch Neubekehrte können das schon bezeugen.

Die Geschichte, wie Sie Jesus Christus als Ihren Erretter erkannt haben, ist ein kraftvolles Zeugnis für jemanden, der nicht errettet ist.

Als Gläubige werden wir mehr über Gott lernen, wenn wir sein Wort studieren.

Die Bibel ist Gottes persönliche Botschaft für jeden von uns.

2Tim
3,16-17

Gott möchte, dass wir sein Wort lesen.

- Auf diese Weise redet er mit uns.
- Auf diese Weise wachsen wir in ihm.

Als Christen haben wir das Vorrecht, von Gott selbst durch sein Wort unterrichtet zu werden.

✝ **Lesen Sie Johannes 14,26**

Gott, der Heilige Geist, hilft uns zu verstehen, was wir in Gottes Wort lesen.

1Kor
2,10-13

Heb 5,14

1Petr
2,2-3

Kol 2,6-7

Als neu Gläubiger fühlen Sie sich mit dem Umfang der Bibel vielleicht überfordert.

- Sie werden nicht alles auf einmal lernen.
- Geistliches Wachstum und Verständnis entwickeln sich langsam.

Vergleichen Sie

Ein kleines Baby kann sich nicht selbst ernähren. Seine Eltern müssen ihm das Essen geben, damit es wachsen und stark werden kann. Nach und nach, mit der Ermutigung und Hilfe seiner Eltern und mit zunehmendem Wachstum, wird es lernen, sich selbst zu versorgen.

Genauso ist es mit einem neuen Gläubigen.

- Sie werden viel Hilfe von reiferen Gläubigen brauchen.
- Und je mehr Sie das Wort selbst studieren, desto mehr werden Sie erfahren, dass Gott, der Heilige Geist, Ihnen Verständnis beim Lesen gibt.

Mit zunehmender Reife in Christus werden Sie dann wiederum Möglichkeiten haben, Neubekehrten zu helfen.

Fazit

Aus der Bibel haben wir alles über Jesus Christus und seinen Tod, sein Begräbnis und seine Auferstehung erfahren.

1Jo 5,11-13 Wir wissen mit Sicherheit, dass unsere Sünden vergeben worden sind, weil wir die Wahrheit des vollendeten Werkes Christi für uns am Kreuz geglaubt haben.

Und genauso, wie wir durch das Werk Jesu Christi am Kreuz errettet wurden, so bekommen wir auch nur durch Jesus Christus die Kraft, das Leben als Christ auszuleben.

Er ist unseres Lobpreises wert!

Wir können ihn durch unser Singen preisen.

Und durch Jesus Christus können wir im Gebet direkt zu Gott kommen.

Im Gebet können wir Gott preisen, ihm für seine Güte danken und ihn um die Dinge bitten, die wir und andere benötigen.

Wir können einander davon erzählen, was Gott in unserem Leben tut.

Wir können unerretteten Menschen von der wunderbaren Botschaft der Errettung erzählen.

Lassen Sie uns zusammen dem Herrn für diese Vorrechte danken, die wir in Jesus Christus empfangen haben.

✏ Fragen

1. Wer ist der Eigentümer und das Haupt jeder Gemeinschaft von Gläubigen?

2. Wer gibt uns die Kraft und die Befähigung, unser neues Leben als Christ auszuleben?

3. Was ist Gebet?

4. Warum beten wir „im Namen Jesu"?

5. Gott möchte unsere Anbetung. Was können wir ihm sagen, wenn wir ihn anbeten?

6. Welche Arten von Anliegen können wir Gott bringen?

7. Nennen Sie einiges, wofür Sie Gott danken können.

8. Wenn wir uns als Gläubige versammeln, können wir einander davon berichten, wie Gott in unserem Leben wirkt. Was könnten wir zum Beispiel den anderen mitteilen?

9. Gott möchte, dass alle Menschen errettet werden. Wie können wir für unerrettete Menschen beten?

10. Wie wachsen wir als Gläubige?

11. Wer hilft uns, Gottes Wort zu verstehen?

12. Erwartet Gott von uns, dass wir als Gläubige sofort reif sind?

Anmerkungen für Nachfolger

1. Lernen Sie Johannes 1,12-13 auswendig.

2. Schreiben Sie in Ihren eigenen Worten auf, was diese Verse bedeuten. Nehmen Sie sich dann Zeit, darüber nachzudenken, welche Anwendung diese Verse für Ihr Leben haben.

3. Fangen Sie an, ein Lobpreis-Tagebuch zu schreiben.

   Schreiben Sie auf, wofür Sie Gott danken können (z. B. für seine Person, für Segnungen, die er schenkt, oder sonstiges, wofür Sie ihn preisen möchten).

   Benutzen Sie dieses Tagebuch, wenn Sie mit Gott sprechen.

4. Fangen Sie an, ein Gebetstagebuch zu schreiben.

   Notieren Sie sich das Datum, an dem Sie das erste Mal mit Gott über etwas gesprochen haben, und geben Sie eine kurze Erläuterung dazu. Lassen Sie genügend Freiraum, um seine Antworten auf Ihr Anliegen zu notieren.

Anmerkungen für Nachfolger sind freiwillige Aktivitäten, die Sie den Kursteilnehmern für ihr persönliches geistliches Leben anbieten können. Sie sind nicht als Hausaufgaben gedacht, sondern als Angebot für diejenigen, die im Glauben wachsen möchten.

Ermutigen Sie die Teilnehmer, sich mit diesen Aufgaben zu beschäftigen, aber setzen Sie sie nicht unter Druck.

Wenn Sie am Ende der Lektion noch Zeit haben, bietet sich vielleicht die Möglichkeit, dass einige der Teilnehmer von ihren persönlichen Studien erzählen.

Die Bibel: Gottes Botschaft für die Welt

Lektionsziele

- zu zeigen, was für ein wunderbares Werk Jesus Christus getan hat, um uns Gott wohlgefällig zu machen;

- die Notwendigkeit für chronologischen Bibelunterricht zu betonen;

- die Bibel als die Quelle der Wahrheit und das von Gott gegebene Mittel für unser Wachstum in seiner Erkenntnis vorzustellen.

Diese Lektion soll den Kursteilnehmern helfen

- zu verstehen, dass sie durch Jesus Christus Gott wohlgefällig sind;

- den Wert des grundlegenden Unterrichts zu sehen – für ihr eigenes Studium und für das Lehren anderer;

- zu erkennen, dass Gottes Wort alles enthält, was sie für ihr Wachstum in Christus brauchen.

⚡ Überblick

Diese Lektion behandelt die Tatsache unserer Aufnahme in Gottes Familie durch Jesus Christus.

Und sie zeigt die Bibel sowohl als Gottes wahres, unfehlbares Wort wie auch als die Quelle für Wachstum in Christus.

Ebenfalls erwähnt ist die Notwendigkeit, Ungläubige grundlegend zu unterrichten, beginnend in 1. Mose.

Zusatzinformationen für den Kursleiter

Für einen Ungläubigen ist die Bibel oft ein Rätsel – ein dickes, unverständliches Buch. Aber für diejenigen, die neues Leben in Christus bekommen haben, ist dieses Buch die Lebensquelle der Weisheit, der Führung, des Trostes und der direkten Kommunikation mit ihrem himmlischen Vater. Wie eine ständig fließende Quelle reinsten Wassers bietet die Bibel wahre Erfrischung und Erneuerung. Gottes Wort stillt alle Bedürfnisse des menschlichen Herzens und gibt Weisheit für jeden praktischen Bereich des täglichen Lebens.

2Kor 4,3-4

1Kor 2,14-16

Die Bibel beschreibt Gott nicht nur, sie ist Gottes lebendiges Wort, das direkt mit uns kommuniziert, wenn wir darin lesen. Je mehr wir die Bibel studieren und darüber nachsinnen, was Gott gesagt hat, desto öfter möchten wir in ihr lesen. Mit

2Tim 3,16-17

2Petr 1,3-4

jeder Lebenserfahrung wird Gottes Wort immer kostbarer für uns. Durch seinen Geist offenbart Gott die Wahrheiten, die wir für jeden Moment unseres Lebens hier auf der Erde brauchen.

Aber das ist nur der Anfang des Wunders, denn die Bibel sagt, dass Gottes Wort lebendig und *ewig* ist. *„Dein Wort steht fest für alle Zeit, so fest wie der Himmel, Jahwe"* (Ps 119,89).

„Im Anfang war das Wort. Das Wort war bei Gott, ja das Wort war Gott" (Joh 1,1).

„Er, das Wort, wurde Mensch und lebte unter uns. Wir haben seine Herrlichkeit gesehen, eine Herrlichkeit voller Gnade und Wahrheit, wie sie nur der einzigartige Sohn vom Vater bekommen hat" (Joh 1,14).

„Durch Mose wurde das Gesetz gegeben, aber durch Jesus Christus ist Gnade und Wahrheit zu uns gekommen" (Joh 1,17).

Durch den Glauben an Jesus Christus, der starb, begraben wurde und für uns auferstand, haben wir ewiges Leben. Diese persönliche Gemeinschaft mit ihm, dem lebendigen Wort, haben wir nicht nur heute, sondern für immer. Durch seinen Heiligen Geist, der in uns lebt, macht er sein Wort für uns lebendig. Wir, die wir niemals das Gesetz halten könnten, sind mit Gnade überschüttet worden. Unser vollkommener Gott hat entschieden, in uns zu leben und sich uns durch seinen Geist und sein Wort zu offenbaren.

Hebr 13,8
Offb 22,3-5

Anschauungsmaterial

- Bild Nr. 1: „Gottes geschriebenes Wort"

Lektionsentwurf

⤵ Einleitung

Joh 1,12-13 Als an Jesus Christus Gläubige wurden wir zu beständigen Mitgliedern der Familie Gottes.

Als wir die Wahrheit über Jesus Christus gehört und geglaubt haben, wie sie in Gottes Wort niedergeschrieben ist, wurden wir aus der Familie Adams herausgenommen und in Gottes Familie hineingestellt.

Röm 5,12-14 Genauso wie wir in Christus neu gemacht wurden, so wachsen wir auch in Christus, indem wir weiter Gottes Wort studieren und glauben.

Die Bibel lehrt uns die wunderbaren Dinge, die Jesus Christus getan hat, um uns für Gott vollkommen wohlgefällig zu machen.

Röm 3,19-20 Wir haben gelernt, dass wir wegen Adams Sünde ausnahmslos alle Sünder und getrennt von Gott waren.

- Wir hatten keine Hoffnung, uns selbst von der ewigen Strafe zu erretten.
- Wie Adam und Eva wurden wir vom Zugang zum Baum des Lebens „ausgeschlossen".
- Wir waren wie die Menschen zur Zeit Noahs, die aus der Arche „ausgeschlossen" waren.

Dann hörten wir von Gottes Gesetz und der Tatsache, dass niemand von uns fähig ist, dieses Gesetz vollkommen zu halten.

- Gott gab sein Gesetz, damit wir unsere Sündhaftigkeit sehen können.
- Außerdem wollte er uns unsere Unfähigkeit begreiflich machen, uns selbst vor dem Gericht zu retten.

> **Bedenken Sie**
>
> *Erinnern Sie sich an Ihre Gedanken und Gefühle, als Sie verstanden hatten, dass Sie ein Sünder, von Gott getrennt und zum Sterben verurteilt sind?*
>
> *Erinnern Sie sich an die Freude, die Gott Ihnen schenkte, als Sie verstanden hatten, dass Jesus Christus alles getan hat, was notwendig ist, um Ihre Sünden zu vergeben und Ihnen ewiges Leben zu geben?*

Sie sind nicht mehr von Gott getrennt.

- Stattdessen sind Sie ein Mitglied der Familie Gottes.

Eph 2,4-9 - Um Jesu Christi willen nimmt Gott Sie vollkommen an.

Joh 14,6
Röm 5,11 Sind wir aufgrund der guten Werke, die wir getan haben, in Gottes Familie aufgenommen worden?

- Nein!
- Nur durch Jesus Christus nimmt Gott uns an.

Wenn wir das Alte und Neue Testament betrachten, werden wir uns gemeinsam über alles freuen, was der Herr Jesus getan hat, um uns für Gott vollkommen wohlgefällig zu machen.

Röm 8,1-2 - Wenn wir Gottes Wort zusammen studieren, werden wir immer deutlicher sehen, dass wir nicht mehr von Gott verurteilt sind.

- Wir müssen uns nie mehr vor ewiger Bestrafung fürchten.

Joh 3,16 - Wir haben ewiges Leben.

Das ist alles allein Jesus Christus zu verdanken, der dieses Werk für uns am Kreuz vollbracht hat.

Menschen brauchen grundlegenden Unterricht.

Bevor Jesus in den Himmel auffuhr, befahl er seinen Jüngern, in jedes Land der Welt zu gehen und die gute Botschaft zu lehren.

Mt 28,18-20

Das Wort *Evangelium* bedeutet *gute Botschaft.*

Lk 24,46-48

 Lesen Sie Markus 16,15

Joh 20,21

Was ist diese gute Botschaft, die wir als Evangelium bezeichnen?

Apg 1,8

 Lesen Sie 1. Korinther 15,1-4

- Jesus starb, wurde begraben und ist auferstanden.

- Alle, die an ihn glauben, bekommen Vergebung für ihre Sünden und ewiges Leben.

Jesus befahl seinen Jüngern auch, dass sie Neubekehrte unterweisen sollten, seine Worte zu bewahren und zu befolgen.

 Lesen Sie Matthäus 28,20

Wie finden wir heraus, was wir weitergeben sollen?

Wir lernen es im Wort Gottes.

Als an Jesus Christus Gläubige haben wir das Vorrecht und die Verantwortung, anderen von ihm zu erzählen.

2Kor 5,14-21

Wir müssen weise sein, wie wir anderen Menschen von Jesus erzählen.

1Petr 3,15

Kol 4,4-6

Genauso wie *wir* die grundlegenden Wahrheiten aus dem Alten Testament gelehrt bekommen haben, sollten wir diese Grundlage auch bei anderen legen.

Lk 24,25-27

 Vergleichen Sie

Können Sie ein Haus bauen, ohne zuerst ein Fundament zu legen?

Nein, das Gebäude wird einfach nicht stehen bleiben.

Genauso ist es, wenn wir Ungläubigen von Jesus Christus erzählen. Wie kann ein Mensch verstehen, dass er einen Erretter braucht, wenn er nicht zuerst versteht, dass er ein Sünder ist?

Manche Menschen haben schon ein gewisses Grundverständnis von der Wahrheit Gottes.

- Bevor Sie entscheiden, *was* Sie jemanden lehren wollen, verbringen Sie etwas Zeit mit ihm und stellen Sie Fragen.

- Hören Sie sich seine Antworten aufmerksam an.

- Finden Sie heraus, was er schon versteht und was ihm noch unklar ist.

Lehren Sie deutlich aus dem Wort Gottes.

Das Evangelium ist eine einfache Botschaft, die selbst ein Kind verstehen kann.

Leider haben Erwachsene oft viele falsche Vorstellungen von Gott.

- In unserer Kultur steht der Mensch im Mittelpunkt, nicht Gott.

- Deshalb ist es so wichtig, mit den Grundlagen anzufangen, um falsche Ansichten aufzuzeigen, zu korrigieren und ein festes Fundament für die Wahrheit zu legen.

Gottes Wort gibt uns das Muster für evangelistischen Unterricht.

Sie sind über Gott unterrichtet worden, anfangend in 1. Mose. [1]

Das ist auch ein ausgezeichneter Weg, andere zu unterrichten.

[1] Diese Anmerkung geht davon aus, dass der Kursteilnehmer *Auf festen Grund gebaut – Von der Schöpfung bis Christus* oder ähnliche Lektionen kennt.

Falls angebracht, können Sie Ihren Kursteilnehmern dieses Buch empfehlen (*Auf festen Grund gebaut – Von der Schöpfung bis Christus*, von Trevor McIlwain und Nancy Everson, NTM e.V., Hückeswagen, 2004). Das sind die chronologischen Bibellektionen, die diesen Lektionen (*Geborgen in Christus*) vorausgehen.

Ihre Kursteilnehmer treffen oder kennen vielleicht auch Personen, denen sie diese Wahrheiten mitteilen möchten, mit denen sie aber kein Bibelstudium durchführen können. Für eine solche Gegebenheit können Sie Ihnen folgendes Buch empfehlen: *Bist du der Einzige, der nicht weiß, was geschehen ist?*, von John R. Cross (CMV, Christlicher Medienvertrieb, Düsseldorf, 2007). Dieses Buch lehrt auch Gottes Wort chronologisch und ist dazu bestimmt, dass ein Ungläubiger oder Neubekehrter es allein lesen kann.

Selbst wenn Sie nur begrenzte Zeit mit einem Ungläubigen haben, können Sie die grundlegenden Fundamente legen:

- Erzählen Sie zuerst von Gott, dem allmächtigen Schöpfer.
- Erklären Sie, dass er alles vollkommen erschaffen hat und die Geister schuf, die ihm dienen.
- Berichten Sie von der Auflehnung Luzifers.
- Erzählen Sie dann von der Erschaffung Adams und Evas, des Baums des Lebens, des Baums der Erkenntnis von Gut und Böse und von der betrügerischen Versuchung Satans.
- Erklären Sie, dass Adam und Eva Satan gefolgt sind und dass ihr Ungehorsam sie von Gott getrennt hat.
- Berichten Sie von den Konsequenzen aus Adams Ungehorsam – dass alle Menschen als Sünder und getrennt von Gott geboren werden.
- Erklären Sie, dass Gott Adam und Eva aus dem Garten ausgeschlossen hat und ihnen so den Zugang zum Baum des Lebens verwehrte.
- Erzählen Sie von Kain und Abel, Noah, Abraham, Isaak, Jakob, Josef, Mose, Josua und den Richtern, Königen und Propheten.

Wenn Sie diese Begebenheiten weitergeben, dann vergessen Sie nicht, dass **Gott** die Hauptperson der Bibel ist – es ist **seine Geschichte**!

- Betonen Sie die Person Gottes.
- Verweisen Sie auf seine Treue im Erfüllen seiner Verheißungen.
- Zeigen Sie die Sündhaftigkeit des Menschen.
- Die Sünde trennte die Menschen von Gott. Die Strafe für Sünde ist der Tod.
- Betonen Sie immer wieder die Tatsache, dass nur Gott einen Weg schaffen kann, um die sündige Menschheit zu erretten.
- Erwähnen Sie, dass Gott immer wieder versprach, einen Befreier zu senden, der den Menschen von Satan, Sünde und Tod erretten würde.

Sobald Sie diese grundlegenden Wahrheiten durch die biblischen Geschichten erklärt haben, stellen Sie Jesus Christus vor: seine übernatürliche Geburt, sein vollkommenes Leben, seinen Tod, sein Begräbnis, seine Auferstehung und Himmelfahrt. Wenn Sie das tun, werden Sie einen festen Grund legen, auf dem weitergebaut werden kann: das richtige Verständnis von Gottes Person, von der Bedürftigkeit des Menschen und von Gottes Bereitstellung eines Retters. Wenn das Evangelium so gelehrt wird, wie Gott es in seinem Wort tut, dann wird es verständlich sein.

Gottes Wille und Plan für Gläubige steht in seinem Wort geschrieben.

Wenn wir das Alte und Neue Testament durchgehen, können wir Gottes gnädigen Plan zur Errettung von Sündern sehen.

Aber wie teilt Gott uns mit, was er von uns, seinen Kindern, erwartet?

- Bevor Gottes Wort vollständig niedergeschrieben war, sprach Gott durch Träume oder sogar in einer hörbaren Stimme zu den Menschen.
- Aber jetzt spricht er durch sein geschriebenes Wort zu uns.

✝ **Lesen Sie 2. Timotheus 3,16-17**

[2] Sie können dieses Schaubild verwenden, um 2. Timotheus 3,16 zu erklären.

Alle Schrift ist nützlich

- zur Lehre
- zur Überführung (sie zeigt uns, was falsch ist)
- zur Zurechtweisung (sie führt uns zurück zur Wahrheit)
- zur Unterweisung in der Gerechtigkeit (sie hält uns auf dem richtigen Weg in Übereinstimmung mit Gottes Wort).

Bildvorschlag: [2]

Gottes Wort (Lehre) – *Unterweisung in der Gerechtigkeit*

Gottes Wort weist uns zurecht, d. h., es führt uns zurück zu seinem Weg für unser Leben.

Gottes Wort zeigt uns deutlich, wo wir vom Weg abgewichen sind.

Wir leben in einer Welt, in der wir ständig verschiedenen Einflüssen ausgesetzt sind.

- Woher wissen wir, was richtig ist?
- Woher wissen wir, was falsch ist?

 Bedenken Sie

Viele Menschen heute denken, es gebe keine absoluten Werte. Sie sagen, dass eine Person denken und handeln könne, wie sie wolle. Das widerspricht völlig dem Wort Gottes.

Gottes Wort ist wie eine Richtschnur – immer gerade und wahr.

Wir können alles an Gottes Wahrheit messen.

- Wenn wir uns auf unseren eigenen Verstand verlassen (wie Eva es tat), werden wir betrogen.
- Wenn wir aber Gottes Wort kennen und glauben, können wir nicht betrogen werden.

Wir können Gottes Wort als Maßstab für unsere eigenen Gedanken, Worte und Taten nehmen.

Gott möchte, dass wir alles mit seinem Wort vergleichen, damit wir seine Wahrheit kennen und danach leben können.

Gott hat sein Wort deutlich übermittelt und bewahrt.

Gott sprach seine Worte zu ca. 40 verschiedenen Männern, die seine Botschaften genau niedergeschrieben haben.

Bildvorschlag: Bild Nr. 1
„Gottes geschriebenes Wort"

Etwa 1600 Jahre vergingen von Gottes erster Botschaft bis zu der Zeit, als seine letzte Botschaft niedergeschrieben wurde.

Die Bibeln, die wir heute haben, wurden aus sehr alten Manuskripten übersetzt, die Abschriften der Originale waren.

Wir können sicher sein, dass wir genaue Abschriften von Gottes Wort haben.

- Gott hat Männer befähigt, die Originale mit äußerster Genauigkeit per Hand abzuschreiben.

- Es gibt von der Bibel mehr Manuskripte als von irgendeinem anderen antiken Buch.

 Beispiel

Die ältesten Abschriften des Alten Testaments datieren zurück auf die Zeit vor Jesus Christus. Vor der Entdeckung der Schriftrollen vom Toten Meer im Jahr 1947 datierten die ältesten Manuskripte zurück auf ca. 1000 n. Chr. Aber die Schriftrollen vom Toten Meer stammen aus der Zeit vor Christus. Der Text stimmt überein mit den Abschriften, die 1000 Jahre später gemacht wurden. Heute können wir also auf Manuskripte zurückblicken, die über 2000 Jahre alt sind. Gott hat sein Wort getreu bewahrt.

In „Die Bibel im Test"[3] schreibt Josh McDowell, dass es heute über 13000 antike Manuskripte des Neuen Testaments gibt. Die älteste Abschrift datiert zurück auf 125 n. Chr.

[3] *Die Bibel im Test*, von Josh McDowell, Christliche Literatur-Verbreitung, Bielefeld, 2002, S. 47.

Die Bibel ist vollkommen vertrauenswürdig.

Wir wissen, dass sie Gottes Wort ist.

Die Einzelheiten in der Bibel werden durch eine überwältigende Anzahl nachprüfbarer Belege bekräftigt:

- die biblischen Manuskripte

- übereinstimmende Einzelheiten aus anderen Dokumenten, die zur Zeit der Bibel geschrieben wurden

- archäologische Entdeckungen

Hier ist die Grundstruktur der Bibel.[4]

Das **Alte Testament** ist der erste Hauptteil der Bibel.

- In *1. Mose*, dem ersten Buch der Bibel, erzählt Gott uns die Geschichte vom Anfang aller Dinge.

  In 1. Mose gibt Gott uns den Schöpfungsbericht.

  In 1. Mose gibt Gott uns auch den Bericht über die Sünde des Menschen und den daraus resultierenden Tod: die Trennung zwischen Gott und Mensch.

  Er erzählt uns von seiner Verheißung, eines Tages einen Befreier für die sündige Menschheit zu senden.

  In 1. Mose berichtet Gott auch von den Anfängen des Volkes Israel.

- Der Rest des Alten Testaments erzählt die Geschichte von den Israeliten, die jetzt Juden genannt werden.

- Das letzte Buch des Alten Testaments, *Maleachi*, wurde ca. 400 Jahre vor der Geburt Jesu Christi geschrieben.

Das **Neue Testament** ist der zweite Hauptteil der Bibel.

- Die Schriften *Matthäus, Markus, Lukas* und *Johannes* sind als die Evangelien bekannt.

Gott erwählte diese vier Männer, um detaillierte Berichte aus erster Hand über das Leben des Herrn Jesus Christus zu verfassen.

Zusammen geben diese vier Bücher uns ein klares Bild von allem, was Gott möchte, dass wir es über das irdische Leben unseres Erretters wissen sollen.

[4] Achten Sie auf die individuellen Bedürfnisse Ihrer Kursteilnehmer. Einige von ihnen haben womöglich noch Schwierigkeiten, Bibelstellen zu finden. Vielleicht wird es notwendig sein, Zeit mit Einzelnen zu verbringen, um ihnen die Inhaltsangabe zu zeigen und ihnen zu helfen, sich mit ihrer eigenen Bibel vertraut zu machen. Je vertrauter sie mit ihren Bibeln werden, desto wahrscheinlicher ist es, dass sie sie gebrauchen möchten.

Achten Sie immer darauf, dass alle Kursteilnehmer die Bibelstellen, über die Sie lehren, finden können. Es kann sein, dass Sie zusätzliche Helfer dafür brauchen, insbesondere wenn Sie eine Anzahl von Neubekehrten in Ihrer Gruppe haben.

- Die *Apostelgeschichte* ist das nächste Buch nach den vier Evangelien.

Sie ist ein Augenzeugenbericht über die genauen Ereignisse, die nach der Himmelfahrt Jesu Christi stattfanden.

- Als Nächstes in der Anordnung der biblischen Bücher kommen die *Briefe*, die von Gottes auserwählten Botschaftern geschrieben wurden.

Die meisten dieser Briefe sind nach ihrem Verfasser oder dem Empfänger benannt.

Die Briefe sind voller Ermutigungen und Anweisungen Gottes für die Gläubigen.

- Als Letztes kommt das *Buch der Offenbarung* des Herrn Jesus Christus.

Im Buch der Offenbarung berichtet Gott von den Dingen, die in der Zukunft geschehen werden.

Der Text der Bücher der Bibel ist Gottes Wort.

Um Bibelstellen besser identifizieren zu können, haben Menschen Kapitel- und Versnummern hinzugefügt.

- Ihre Bibel hat vielleicht auch verschiedene Anmerkungen und andere Hilfen.

- Auch wenn einige dieser Hilfen sehr nützlich sein können, denken Sie daran, dass sie nicht Gottes Wort sind.

Wir müssen aufpassen, dass wir nicht die Gedanken von Menschen mit Gottes Wort verwechseln.

Fazit

Die Bibel ist Gottes persönliche Botschaft für jeden von uns.

- Durch die Bibel haben wir gelernt, was Jesus Christus für uns am Kreuz vollbracht hat.

- Er ist derjenige, der uns errettet und neues Leben gegeben hat.

- Ebenso ist er derjenige, der uns die Kraft gibt, ein Leben als Christ zu führen.

- Für uns als Gläubige ist die Bibel die Quelle der täglichen Kommunikation mit Gott.

- Jesus Christus möchte, dass wir ihn kennen!

Ich möchte Sie ermutigen, jeden Tag die Bibel zu lesen.

- Bitten Sie den Herrn, Ihr Herz und Ihren Verstand zu öffnen, damit Sie mehr von ihm verstehen.

- Sie werden sehen, dass Gottes Botschaft frisch und lebendig – und sehr praktisch – ist.

- Hier in der Bibel finden wir alles, was wir für jede Lebenssituation brauchen.

Lassen Sie uns miteinander dem Herrn für die Segnungen seines Wortes danken.

Fragen

1. Wie wird ein Mensch vor Gott wohlgefällig gemacht?

   _____

   _____

2. Was muss ein Mensch zuerst über sich selbst und über Gott verstehen, bevor er den Wunsch haben kann, errettet zu werden?

   _____

   _____

   _____

3. Wie lehrt Gott uns, seine Kinder, was er von uns erwartet?

   _____

   _____

4. Wenn wir mit einer neuen Lehre oder Ansicht konfrontiert werden, wie können wir herausfinden, ob sie wahr oder falsch ist?

   _____

   _____

5. Ist unser Glaube nur ein „blinder Glaube" oder ist er auf festen, historischen Tatsachen gegründet?

   _____

   _____

Anmerkungen für Nachfolger

Anmerkungen für Nachfolger sind freiwillige Aktivitäten, die Sie den Kursteilnehmern für ihr persönliches geistliches Leben anbieten können. Sie sind nicht als Hausaufgaben gedacht, sondern als Angebot für diejenigen, die im Glauben wachsen möchten.

Ermutigen Sie die Teilnehmer, sich mit diesen Aufgaben zu beschäftigen, aber setzen Sie sie nicht unter Druck.

Wenn Sie am Ende der Lektion noch Zeit haben, bietet sich vielleicht die Möglichkeit, dass einige der Teilnehmer von ihren persönlichen Studien erzählen.

1. Lernen Sie 2. Timotheus 3,16-17 auswendig.

2. Fangen Sie an, das Johannesevangelium zu lesen. (Siehe nachfolgenden Punkt 3.)

3. Der Herr möchte, dass wir ständig beten. Aber er weiß auch, dass wir uns jeden Tag eine bestimmte Zeit nehmen müssen, um allein mit ihm zu sprechen und sein Wort zu lesen.

   Um Ihnen zu helfen, das tägliche Lesen in Gottes Wort und das Gebet zur Gewohnheit zu machen, wäre es gut, eine regelmäßige Zeit und einen Ort freizuhalten. Das wird nicht immer möglich sein – Reisen, Familienbedürfnisse u.a. können dazwischen kommen. Bitten Sie den Herrn um Weisheit, herauszufinden, was in Ihrem Leben am hilfreichsten sein wird, um eine tägliche Zeit mit ihm einzuplanen. Auf Urlaubsreisen oder bei anderen Störungen kann Gott Ihnen dann Wege zeigen, freie Momente zum Lesen und Beten wahrzunehmen.

   Grundsätzlich ist es so, dass Sie eine Zeit und einen Ort brauchen, wo Sie am wenigsten gestört werden. Das kann vielleicht bedeuten, dass Sie vor oder nach Ihren täglichen Arbeiten und Aufgaben Zeit mit dem Herrn verbringen. Gewohnheiten, sowohl gute als auch schlechte, benötigen Zeit, um sich zu festigen. **Zeit mit Gott zu verbringen**, ist eine wunderbare Gewohnheit, die jedes Opfer wert ist, das Sie dafür aufbringen müssen!

   Wenn Sie es an einem Tag verpassen, Zeit in Gottes Wort zu verbringen, dann machen Sie am nächsten Tag einfach weiter. Denken Sie daran: Sie sind nicht unter dem Gesetz, sondern Sie leben in der Gnade, die durch Jesus Christus gegeben ist. Er möchte Gemeinschaft mit Ihnen. Das bedeutet: Er möchte, dass Sie sich die Zeit nehmen, ihn durch sein Wort und durch Gebet besser kennenzulernen.

   Er hat ein größeres Verlangen danach, als Sie es haben. Also verlassen Sie sich auf ihn, dass er Ihnen hilft, die regelmäßige Zeit mit ihm zur Gewohnheit zu machen.

   Egal wie Sie sich an einem bestimmten Tag „fühlen", fangen Sie an, Gottes Wort zu lesen. Es geht nicht darum, *wie viel* Sie lesen, sondern darum, dass Sie den Wunsch haben, den Herrn kennenzulernen, und dass Sie lernen, durch das Lesen seines Wortes und durch Gebet mehr Vertrauen auf ihn zu bekommen.

4. Schreiben Sie Ihren Lobpreis, Ihre Gebetsanliegen und -erhörungen weiter in Ihr Tagebuch.

   Im Verlauf der Wochen und Monate werden Sie erstaunt sein, was Ihr Tagebuch widerspiegelt. Sie werden sehen, dass Gott in Ihrem Leben ganz persönlich am Werke ist.

   Gebet, Lobpreis und das Lesen von Gottes Wort sind Gewohnheiten, die für Sie immer mehr an Bedeutung gewinnen werden. Denken Sie daran: Gottes Liebe zu Ihnen ist konstant und unermüdlich. Er möchte, dass Sie ihn kennen.

Gott, unser großartiger Schöpfer

Bibelabschnitte: 1. Mose 1,1-25

Lektionsziele

- die Person und Eigenschaften Gottes, wie sie durch seine Schöpfungstaten offenbart werden, zu betrachten;
- zu zeigen, dass Gott-Vater, Gott-Sohn und Gott-Heiliger Geist der eine, ewige Gott ist;
- zu zeigen, dass dieser großartige Schöpfer die Gläubigen durch Jesus Christus mit sich versöhnt hat.

Diese Lektion soll den Kursteilnehmern helfen

- ihren Schöpfer anzubeten;
- Gottes Hand in der ganzen Welt um sie herum zu sehen;
- Jesus Christus als den ewigen Gott zu sehen;
- ihre neue Beziehung zu Gott wertzuschätzen.

Zusatzinformationen für den Kursleiter

„Der Himmel droben ist weiches Blau, die Erde rundum ist süßes Grün!
Etwas lebt in jeder Farbschattierung, unsichtlich für Augen ohne Christus:
Vögel strömen mit frohen Liedern über, Blumen leuchten noch schöner,
Seitdem ich weiß, was ich jetzt weiß: Ich bin sein und er ist mein." [1]

Der Pumé-Volksstamm im abgelegenen Grasland Venezuelas lebte in Furcht vor bösen Geistern, bis Missionare kamen und über Gott, den Schöpfer, und dessen wunderbares Rettungsangebot in Jesus Christus sprachen. Bevor die Missionare mit dem Bibelunterricht anfangen konnten, mussten sie die ungeschriebene Sprache und Weltanschauung der Pumé erlernen. Es war ein langwieriger Prozess. Aber sobald die Kommunikation möglich war und die wunderbare Botschaft des Wortes Gottes verständlich gelehrt werden konnte, glaubten viele der Pumé an Jesus Christus.

Der Lobpreis für ihren Schöpfer ersetzte ihre alten Ängste. Wenn sie sich jetzt in einer sternklaren Nacht versammeln, dann singen sie selbstgedichtete Lieder als Lobpreis für ihren wunderbaren Schöpfer-Heiland, der sie von Sünde, Satan und Tod befreit hat. Die Welt, die für sie einst nur furchteinflößend war, ist jetzt voller wunderbarer Erinnerungen an den Gott, der sie gemacht und so sehr geliebt hat, dass er seinen Sohn sandte, um für ihre Sünden zu sterben.

⚡ Überblick

Diese Lektion zeigt Gott als den großartigen Schöpfer aller Dinge. Die ewige Dreieinheit – Vater, Sohn, Heiliger Geist – wird als aktiv in der Schöpfung präsentiert. Gottes Souveränität und Heiligkeit werden betont.

Die Tatsache unserer Errettung wird ebenfalls reflektiert – Gott hat uns in Christus neu gemacht.

Gott wird als der einzig würdige Mittelpunkt unserer Anbetung vorgestellt.

[1] aus einem Lied von George Wade Robinson (1838-1877)

Mögen wir, die wir unseren wunderbaren Schöpfer kennen dürfen, voller Staunen, Lobpreis und Danksagung sein, wenn wir an alles denken, was er gemacht hat. Er hat nicht nur die Welt aus dem Nichts erschaffen; er hat uns, seine Kinder, zu einer neuen Schöpfung in Christus gemacht.

Materialliste

Wenn Sie die Indizien für die Schöpfung studieren möchten, um besser auf Fragen der Kursteilnehmer antworten zu können, oder Sie die Kursteilnehmer auf hilfreiche Materialien verweisen wollen, dann sind die folgenden Bücher empfehlenswert:

Das wichtigste deutschsprachige Buch zu diesem Thema:

> *Evolution. Ein kritisches Lehrbuch,* Reinhard Junker und Siegfried Scherer, Weyel Verlag

Weitere Buchempfehlungen, allgemein zum Thema *Schöpfung*:

> *Leben – woher?,* Reinhard Junker, Christliche Verlagsgesellschaft
>
> *Creatio,* Alexander vom Stein, Daniel-Verlag
>
> *Schöpfung und Wissenschaft,* Hrsg. Henrik Ullrich und Reinhard Junker, Wort und Wissen/SCM Hänssler
>
> *Schöpfung (o)der Evolution?,* Hrsg. Wort und Wissen, Hänssler Verlag
>
> *Das biblische Zeugnis der Schöpfung,* Werner Gitt, Hänssler Verlag
>
> *Schuf Gott durch Evolution?,* Werner Gitt, Hänssler Verlag

Weitere Buchempfehlungen zu speziellen Fragen:

> *Die Bibel und das Alter der Erde,* Richard Wiskin, Wort und Wissen/SCM Hänssler
>
> *Jesus, Darwin und die Schöpfung,* Reinhard Junker, Wort und Wissen/SCM Hänssler
>
> *Stammt der Mensch von Adam ab?,* Reinhard Junker, Wort und Wissen/SCM Hänssler
>
> *Spuren Gottes in der Schöpfung?,* Reinhard Junker, SCM Hänssler
>
> *Was nun, Mr. Darwin?,* Alexander vom Stein, Daniel-Verlag
>
> *Darwins Rätsel – Schöpfung ohne Schöpfer?,* Reinhard Junker und Henrik Ullrich, SCM Hänssler
>
> *Der vermessene Kosmos,* Norbert Pailer und Alfred Krabbe, Hänssler

Weitere Infos, Artikel und Medien zum Thema sind auch auf folgenden Webseiten zu finden:

> www.wort-und-wissen.de
>
> www.evolutionslehrbuch.info
>
> www.genesisnet.info

Sie können den Kursteilnehmern anbieten, sich außerhalb des Unterrichts über das Thema Schöpfung zu informieren, um selbst Antworten auf ihre Fragen zu finden. Das wird Ihnen die Möglichkeit geben, in der Unterrichtszeit beim Bibelstudium zu bleiben. Wenn die Medien weise eingesetzt werden, können sie die Fragen der Kursteilnehmer beantworten, ohne vom Ziel der Lektion abzulenken.

Lektionsentwurf

Wiederholung der Fragen aus Lektion 2.

→◻ Einleitung

Haben Sie jemals versucht, sich vorzustellen, wie die Erde war, als Gott sie gerade geschaffen hatte?

- Alles war vollkommen.

- Der Mensch war in einer intakten Beziehung zu seinem Schöpfer.

2Kor 5,17 Wissen Sie, was Gott jetzt sieht, wenn er seine Kinder in Christus betrachtet?

- Er sieht uns als seine neue Schöpfung in Christus.

- Er sieht uns als vollkommen gemacht!

Durch Jesus stehen wir in einer intakten Beziehung zu unserem Schöpfer.

Ist Gott nicht erstaunlich?!

Er hat uns einen neuen Anfang in Christus geschenkt!

Aber lassen Sie uns jetzt auf die Zeit zurückblicken, wie es *vor* dem Anfang aller Dinge war.

Vor dem Anfang war nur Gott da.

✝ Lesen Sie 1. Mose 1,1

- Gott existierte vor allen Dingen.

- Alles, was wir sehen, hatte einen Anfang, nur Gott nicht.

Gott ist eine Dreieinheit: Gott-Vater, Gott-Sohn und Gott-Heiliger Geist.

Gott ist ewig.

Joh 1,1-2
Ps 90,2;
93,2

- Bevor irgendetwas geschaffen wurde, existierte Gott-Vater, Gott-Sohn und Gott-Heiliger Geist ewig.

Hebr 9,14

- Gott hat keinen Anfang, und Gott wird kein Ende haben.

Gott ist Geist.

- Er lebt aus sich selbst heraus.

- Er hat keine Bedürfnisse.

Gott ist die oberste Autorität; er ist größer als alles.

- Nichts in der ganzen Schöpfung ist vergleichbar mit unserem ewigen, drei-einen Gott.

- Er ist größer als seine ganze Schöpfung.

1Chr
29,10-11
Jud 25

- Nichts Erschaffenes ist so groß wie Gott: Weder Engel noch Satan noch Menschen noch irgendetwas Erschaffenes ist mit unserem Schöpfer vergleichbar.

- Unser Verständnis kann die Größe unseres Gottes nicht fassen.

- Aber Gottes Wort ist sehr klar, und diese erstaunlichen Tatsachen sind die Grundlage für unseren Glauben.

Gott schuf alles aus dem Nichts.

✝ Lesen Sie 1. Mose 1,1

Alles in den Himmeln und auf der Erde wurde von Gott geschaffen.

Er allein hat die Macht, etwas aus dem Nichts zu erschaffen.

✝ Lesen Sie Hebräer 11,3

- Die Bibel sagt uns eindeutig, dass Gott alles aus dem Nichts geschaffen hat.

Gott ist allmächtig.

- Nichts ist zu schwer für ihn.

- In Jeremia 32,17 steht: „*Ach, mein Herr, Jahwe, du hast Himmel und Erde durch deine gewaltige Macht und deine große Kraft geschaffen. Dir ist nichts unmöglich.*"

Wie konnte Gott die Weite des Universums schaffen?

Nur Gott konnte es tun, denn **er allein ist überall zu jeder Zeit.**

- In Jeremia 23,24 lesen wir: „*Oder kann sich jemand so verstecken, dass ich ihn nicht sehen könnte?', spricht Jahwe. ,Ich bin es doch, der den Himmel und die Erde erfüllt', spricht Jahwe.*"

 Bedenken Sie

Er ist immer noch überall zu jeder Zeit.

Es gibt keinen Ort, wohin wir vor ihm fliehen könnten!

Wir sind niemals allein.

Mal 3,6

Ps 139

Hebr 13,5-6

Röm 11,33-36

Wie konnte Gott die Weisheit haben, alles zu schaffen?

Gott allein ist allwissend.

- Niemand musste Gott etwas beibringen.

- Er weiß alles.

 Bedenken Sie

Gott weiß alles und sorgt sich um alles, was mit uns passiert.

Selbst unsere Familie und Freunde wissen nicht wirklich, was wir denken und fühlen.

Aber Gott kennt jeden Gedanken, jedes Problem und jedes Bedürfnis von uns.

Wir können uns vollkommen auf ihn verlassen.

Hebr 4,13

Mt 6,8

1Petr 5,7

Gott, der Sohn – Jesus Christus – war aktiv an der Schöpfung beteiligt.

 Lesen Sie Johannes 1,2-3

Gott, der Heilige Geist, war aktiv an der Schöpfung beteiligt.

Gott, der Heilige Geist, war abwartend in Bereitschaft, seine ganze große schöpferische Macht auszuüben.

 Lesen Sie 1. Mose 1,2

 Bedenken Sie

Das hebräische Wort, das hier für über dem Wasser „schweben" gebraucht wird, weist auf „flattern" oder „schütteln" hin – vielleicht eine Andeutung auf die gewaltige schöpferische Energie, die kurz davor war, freigesetzt zu werden. [2]

[2] Henry Morris, *The Genesis Record*, Baker Book House, Grand Rapids, MI, 1990, S. 52

Am ersten Tag trennte Gott das Licht von der Finsternis.

 Lesen Sie 1. Mose 1,3-5

Wie war der Zustand der Erde in 1. Mose 1,2?

- Sie war wüst.

- Sie war leer und finster.

So war es in unserem Leben ohne das Licht der Erkenntnis Jesu Christi.

In seiner großen Macht hat derselbe Gott, der Licht in eine finstere Welt hinein

2Kor 3,13-16; 4,3-6

Kol 1,13

Eph 4,17-19

geschaffen hat, uns aus der Finsternis der Sünde herausgebracht und zur Erkenntnis der Wahrheit geführt.

Viele Menschen in unserer heutigen Welt leben in der Finsternis, ohne die Wahrheit zu kennen.

 Bedenken Sie

In 2. Korinther 11,14 wird uns gesagt: „Auch der Satan tarnt sich ja als Engel des Lichts."

Die Welt hat ein falsches Bild von Licht und Ordnung. Viele Menschen werden betrogen und glauben, dass es sich lohnen würde, den leeren Wegen der Welt zu folgen.

Aber die Bibel sagt uns klar, dass das Ende eines solchen gottlosen Lebens ewige Strafe ist.

Der Feind unserer Seele möchte, dass Menschen Gottes Wort für wertlos halten. Das ist die Lüge, mit der Eva betrogen wurde und die letztendlich sie, Adam und die ganze Welt in die Finsternis der Sünde gebracht hat.

Obwohl viele Menschen noch in der Finsternis leben, hat Gott uns in seiner Gnade Licht in Christus gegeben.

 Lesen Sie Johannes 1,4

Wir brauchen nicht mehr in Verwirrung und Unwissenheit zu leben und durch Satans Lügen betrogen zu werden.

Das Licht der Welt lebt in uns.

Eph 5,8
1Thes
5,4-8

In Johannes 8,12 sagt Jesus: *„Ich bin das Licht der Welt! Wer mir folgt, wird nicht mehr in der Finsternis umherirren, sondern wird das Licht haben, das zum Leben führt."*

Derjenige, der das Licht schuf und es von der Finsternis trennte, hat Licht in unsere Seele gegeben und uns von der Finsternis der Sünde befreit.

Am zweiten Tag trennte Gott die oberen Wasser von den unteren Wassern.

 Lesen Sie 1. Mose 1,6-8

Gott sprach und gestaltete die gesamte Atmosphäre um den Planeten Erde herum.

 Vergleiche

Regierungen geben Millionen von Euro aus, um die Erdatmosphäre zu schützen. Aber Gott sprach nur und erreichte haargenau, was er sich vorgenommen hatte.

Am dritten Tag schuf Gott die Ozeane und das trockene Land mitsamt allen Pflanzen.

 Lesen Sie 1. Mose 1,9-13

Wieder war es so – Gott sprach, und es geschah:

- Land, Seen, Pflanzen, Bäume, Früchte, Samen – alles wurde so wunderbar geschaffen, dass wir die jeweilige Komplexität noch nicht völlig verstanden haben.

Und alles war gut – vollkommen, weil Gott vollkommen ist.

Am vierten Tag schuf Gott die Sterne, die Sonne und den Mond.

 Lesen Sie 1. Mose 1,14-19

Er schuf das Universum: die Sterne und Galaxien, die Sonne und den Mond.

Alles geschah in vollkommener Ordnung, nach Gottes vollkommener Gestaltung.

Die ganze Schöpfung spiegelt den Schöpfer wider – den Meistergestalter von allem.

 Bedenken Sie

Vor einigen Jahren wuchs ein junger Mann unter einem atheistischen Regime auf. Ihm wurden lediglich die Gesetze der Wissenschaft und der Materie beigebracht. Über den Gott, der die Materie schuf und die Gesetze der Wissenschaft bestimmte, hatte er nie etwas erfahren.

Aber eines Tages, nachdem er seine Universitätsausbildung abgeschlossen hatte, besuchte er eine Versammlung von Gläubigen und hörte von Gott. Zum ersten Mal fand er die wirkliche Antwort auf die Frage nach dem Leben. Er sagte, dass er sofort geglaubt habe, weil er wusste, dass es einfach etwas vor der Materie gegeben haben musste. Er wusste, dass es eine Ursache für die Ordnung und Existenz des Lebens geben musste. In Gott sah er schließlich, wie alles zusammenpasste.

Der Meistergestalter eroberte nicht nur sein Denken, sondern sein ganzes Leben, und der junge Mann glaubte an Jesus Christus, seinen Erretter und Schöpfer.

Die Gesetze der Wissenschaft sind Gottes Gesetze.

Gott musste nicht wissenschaftliche Tatsachen entdecken; er bestimmte sie.

 Bedenken Sie

Wie kommt es, dass wir Tage, Monate und Jahre genau zählen können?

Wie kann es sein, dass wir Jahre im Voraus wissen können, wie die Gezeiten sein werden?

Wir können es wissen, weil Gott das Universum mit absoluter Genauigkeit in Bewegung gesetzt hat.

So ist es auch mit unserem Leben.

Genau so, wie Gott die wissenschaftlichen Gesetze bestimmt hat, hat er auch die geistlichen Gesetze bestimmt.

- Nur Gott hat einen Weg geschaffen, damit dem sündigen Menschen vergeben werden kann.

- Der Mensch konnte sich keinen eigenen Weg zu Gott schaffen; er muss auf dem Weg kommen, den Gott bereitet hat – durch Jesus Christus.

Und genauso sicher, wie die Sonne auf- und niedergeht, wird unser Gott uns weiter verwandeln, damit wir Jesus Christus immer ähnlicher werden.

Am fünften Tag schuf Gott alle Meereswesen und Vögel.

✝ Lesen Sie 1. Mose 1,20-23

Gottes Schöpfung ist wundervoll.

Selbst heute noch sind die Meere mit einer erstaunlichen Vielfalt an Lebewesen gefüllt.

Und wer hat noch nie die Vögel im Flug bestaunt?

 Bedenken Sie

Vergessen Sie nicht: Der Mensch hat erst im 20. Jahrhundert gelernt, ein Flugzeug zu bauen.

Aber Gott schuf die Vögel von Anfang an mit der Fähigkeit, zu fliegen.

Ps 18,31;
93,5;
99,3.5.9

Jes 6,3

Jak 1,17

Offb 4,8

Ps 19,2-5

Hi 38-39

Ps 19,5-12

1Tim 2,5-6

Röm 3,20-24

Röm 8,28-29

Phil 1,6

Beispiel

Hi 38-39

Ein großer Pelikan mit einer Flügelspannweite von etwa zwei Metern kann fast ohne Anstrengung mehr als 60 Meter über dem Wasser gleiten, ohne seine Flügel großartig bewegen zu müssen. Er kann auch hoch über dem Wasser fliegen, einen Fisch im Wasser ausfindig machen und kerzengerade nach unten tauchen, um seine Beute zu fangen. Wer außer Gott könnte eine solche Präzision gestalten?

Am sechsten Tag schuf Gott die Tiere.

 Lesen Sie 1. Mose 1,24-25

Stellen Sie sich diese erstaunlichen Tiere vor, die übrigens am Anfang nicht in der Lage waren, einander zu verletzen oder zu töten.

Schauen Sie sich die Ordnung an, die Gott in die Tierwelt hineingelegt hat!

 Bedenken Sie

Jede Tierart pflanzt sich nach ihrer eigenen Art fort. Es gibt vielfältige Rassen, aber Katzen bringen immer noch Katzen und Hunde immer noch Hunde zur Welt. Gott hat es so bestimmt, und so sagt er es in seinem Wort.

Eine wahre Geschichte

Eines Tages erzählte eine Lehrerin ihrer vierten Klasse, dass einige Wissenschaftler behaupteten, der Mensch stamme von den Affen ab. Sie fragte ihre Schüler, ob es irgendetwas im ersten Kapitel von 1. Mose gebe, das diese Theorie bekräftigen oder als unwahr darstellen würde.

Ein kleiner Junge, der sich selten beteiligte, fing an, interessiert zu lesen. Als seine Augen die Stelle fanden, schoss seine Hand hoch. Er rutschte unruhig auf seinem Stuhl hin und her in der Hoffnung, aufgerufen zu werden.

*„Es **kann nicht** wahr sein!", sagte er. Mit wiederholtem Zeigen auf 1. Mose 1,24-25 verkündete er: „Hier steht, dass Gott alle Tiere schuf, damit sie Nachkommen ‚nach ihrer Art' hervorbringen. Es ist **unmöglich, dass der Mensch vom Affen abstammt!"***

Die Frage war für ihn geklärt, und von diesem Tag an war er im Unterricht aufmerksam. Er hatte die Kraft der Wahrheit Gottes als Antwort auf die

Ps 119,105

schwierigen Lebensfragen gefunden.

Gott schuf alles gut und vollkommen als Vorbereitung für den Menschen.

Gott ist heilig und vollkommen; deshalb war alles, was er schuf, gut und vollkommen.

Röm 1,19-20

- Auch wenn die Sünde einen Fluch über die ganze Schöpfung gebracht hat, können wir immer noch einen Schimmer von der ursprünglichen Schönheit der Schöpfung Gottes sehen.

- Denken Sie an die Farben, die Vielfalt, die Gerüche, die Geräusche, die in seiner Schöpfung reichlich vorhanden sind!

- Derselbe Gott, der die Galaxien schuf, hat auch jede Schneeflocke einzigartig geschaffen – keine zwei sind gleich!

Dieser winzige blaue und grüne Planet, auf dem wir leben, ist nur ein Staubkörnchen in der Weite, die Gott geschaffen hat.

Dennoch hat er ihn als Herzstück seiner Schöpfung bestimmt und ihn auf die erstaunlichste Weise geschaffen.

Er war dabei, einen Lebensraum für den Menschen vorzubereiten.

Bedenken Sie

Der Mensch hat schon einige der nächstgelegenen Planeten erforscht und kein Leben auf ihnen gefunden. Gott hat die Erde als einen ganz besonderen Planeten geschaffen, mit genau der richtigen Menge an allem, was für Leben notwendig ist. Wissenschaftler sind dabei zu entdecken, wie präzise unsere Umwelt abgestimmt sein muss, um Leben zu erhalten. Die Erde ist wahrlich ein einzigartiger Planet – der Planet, den Gott für den Menschen bereitet hat.

Jes 45,18

Gott hat in seiner Liebe einen perfekten, einen wunderschönen Platz vorbereitet, der mit den erstaunlichsten und schönsten Kreaturen ausgestattet ist, die man sich nur vorstellen kann.

Ps 8

Und er gab das alles dem Menschen.

- Wir wissen, was der Mensch tat.

- Gott wusste – sogar da schon –, was passieren würde.

1Petr 1,18-20

Aber Gott ist liebevoll und freundlich.

- In seiner Liebe gab er diese ganze vollkommene Schöpfung dem Menschen.

- Und in dieser gleichen Liebe hat er uns seinen Sohn, Jesus Christus, gegeben, um unser vollkommener Erretter zu sein.

2Kor 5,21
1Jo 5,11-13

Gott hat uns neues Leben in Christus gegeben.

Hebr 10,14

Die Errettung, die er in Christus vollbracht hat, ist vollkommen.

Fazit

In der Bibel gibt Gott uns den wahren Schöpfungsbericht.

- Keine andere Theorie erklärt die Tatsachen, die wir in dieser Welt sehen.

- Sie werden viele interessante Bücher über wissenschaftliche Entdeckungen finden, die mit dem biblischen Schöpfungsbericht übereinstimmen.

- Wer daran Interesse hat, kann eine Liste mit empfehlenswerten Büchern bekommen. [3]

- Mehr als jede andere Quelle ist Gottes Wort selbst unsere vollständige und zuverlässige Aufzeichnung von dem, was bei der Schöpfung geschah.

- Gott allein war anwesend, und er hat alles für uns aufgezeichnet.

Nehmen Sie sich Zeit, seine Schöpfung zu betrachten!

- Er hat sie geschaffen, damit wir uns daran erfreuen.

- Alles, was er gemacht hat, kann uns an seine Person und seine große Liebe zu uns erinnern.

1Tim 6,17

Ps 104; 145

Lassen Sie uns unserem Herrn für seine Schöpfung und für seine Person danken!

Lassen Sie uns ihm für unsere Errettung in Jesus Christus danken!

[3] Die Materialliste am Anfang dieser Lektion darf zur Weitergabe an die Kursteilnehmer kopiert werden.

✐ Fragen

1. Wer existierte vor dem Anfang?

2. Wer war an der Schöpfung beteiligt?

3. Welche Materialien benutzte Gott, um alles zu erschaffen?

4. Wie konnte Gott alles aus dem Nichts erschaffen?

5. Gibt es irgendetwas in Ihrem Leben, ein Bedürfnis, ein Problem, über das Gott nicht Bescheid wüsste?

6. Wer hat die Gesetze der Energie, der Materie und alle wissenschaftlichen Gesetze aufgestellt?

7. Was ist die beste Quelle der Wahrheit über die Schöpfung?

8. Am Anfang wurde alles vollkommen geschaffen. Was sagt das über unseren Schöpfer aus?

Zusätzliche Diskussionsfragen:

9. Obwohl wir in einer Welt leben, die unter den Auswirkungen der Sünde leidet, kann uns vieles an die Schönheit der Schöpfung Gottes und seine Liebe erinnern. Was könnte das sein?

10. Welche Auswirkungen hätte es auf unser Leben, wenn wir täglich nach Dingen Ausschau hielten, die uns an den Herrn und an seine Liebe zu uns erinnerten, und wenn wir täglich in seinem Wort lesen würden?

Anmerkungen für Nachfolger

Anmerkungen für Nachfolger sind freiwillige Aktivitäten, die Sie den Kursteilnehmern für ihr persönliches geistliches Leben anbieten können. Sie sind nicht als Hausaufgaben gedacht, sondern als Angebot für diejenigen, die im Glauben wachsen möchten.

Ermutigen Sie die Teilnehmer, sich mit diesen Aufgaben zu beschäftigen, aber setzen Sie sie nicht unter Druck.

Wenn Sie am Ende der Lektion noch Zeit haben, bietet sich vielleicht die Möglichkeit, dass einige der Teilnehmer von ihren persönlichen Studien erzählen.

1. Lernen Sie Johannes 8,12 auswendig.

2. Halten Sie Ausschau nach Dingen um sich herum, die Gott, unseren Schöpfer, widerspiegeln. Egal wo Sie leben und arbeiten, Sie werden Dinge finden, an denen Sie sich erfreuen können. Vielleicht sehen Sie vom Wind getriebene Wolken, frisch gefallenen Schnee, das Lächeln eines Kindes, Blumen oder einen farbenprächtigen Sonnenuntergang. Gott gab sie, damit wir uns an ihnen erfreuen können.

Vielleicht gefallen Ihnen eher mechanische oder technische Dinge. Denken Sie daran: Wenn etwas funktioniert, dann nur, weil Gott die Gesetze der Wissenschaft bestimmt hat, damit es funktioniert! Sehen Sie sich an, wie ein Flugzeug in die Luft steigt. Schalten Sie einen Computer an. Fahren Sie eine Runde mit Ihrem Auto. All diese Dinge basieren auf Gesetzen, die von Gott festgelegt worden sind.

Machen Sie es sich zur Angewohnheit, nach Werken des Meisterdesigners Ausschau zu halten und ihn für alle guten Dinge zu preisen, die er uns in der Schöpfung gegeben hat.

Wenn Sie gerne schreiben, können Sie vielleicht einige dieser Aspekte aufschreiben.

3. Lesen Sie weiter das Johannesevangelium.

Christus ist der Weg zu Gott

Bibelabschnitte: 1. Mose 1,26-30; 2,7-9.16.17.21-25; 3,1-10.14-24

Lektionsziele

- Adam und den gefallenen Menschen mit Jesus Christus und dem erlösten Menschen zu vergleichen.

Diese Lektion soll den Kursteilnehmern helfen

- das großartige Werk, das Christus für uns am Kreuz vollbracht hat, besser zu verstehen;
- das neue Leben, das wir in Christus erhalten haben, besser zu verstehen.

Zusatzinformationen für den Kursleiter

Sehen Sie sich die Nachrichten an. Lesen Sie die Zeitung. Oder gehen Sie einfach auf die Straße und sehen Sie in die Gesichter Ihrer Mitmenschen. Wir leben in einer gefallenen Welt.

Leider merken die meisten Menschen nicht, dass die Sünde die Hauptursache für alles Leid im Leben ist. 1. Mose 2 und 3 schildern klar, was passiert ist. Wenn wir diese Tatsachen kennen und wissen, was Gott tat, als er Jesus Christus sandte, um für die Sünde der Menschen zu sterben, können wir dem Leben mit einer völlig neuen Perspektive begegnen.

⤬ Überblick

Diese Lektion vergleicht den sündigen Adam und seine sündigen Nachkommen mit Jesus Christus und denjenigen, die an ihn glauben.

In Adam war der Mensch von Gott getrennt. In Christus ist der Mensch von Gott angenommen.

Die Lektion stellt diese Wahrheiten erst einmal vor, auf die später dann in den Lektionen zum Römerbrief näher eingegangen wird.

Gottes Wort gibt uns Erkenntnis über das Problem der Sünde, ihre weltweite Auswirkung und die einzige Abhilfe: Jesus Christus und sein Tod für uns am Kreuz. Auch wenn wir noch in einer Welt leben, die unter den Auswirkungen der Sünde leidet, haben wir ein wahres Verständnis der Situation des Menschen. Durch den Glauben an Jesus Christus können wir dem Leben hier mit dem Wissen begegnen, dass unser neues und ewiges Leben in Christus bereits begonnen hat.

Wir unterliegen nicht mehr dem Gesetz der Sünde und des Todes, sondern dem Gesetz des Lebens in Jesus Christus. In Johannes 5,24 steht: *„Wer auf meine Botschaft hört und dem glaubt, der mich gesandt hat, der hat das ewige Leben. Auf ihn kommt keine Verurteilung mehr zu; er hat den Schritt vom Tod ins Leben schon hinter sich."* — Röm 8,1-2

Anschauungsmaterial

- Bild Nr. 61: „Jesus in der Wüste"
- Bild Nr. 5: „Der Sündenfall"
- Bild Nr. 86: „Die Soldaten verspotten Jesus"
- Bild Nr. 87: „Die Kreuzigung"
- Bild Nr. 7: „Die Vertreibung Adams und Evas aus dem Garten Eden"

Lektionsentwurf

Wiederholung der Fragen aus Lektion 3.

Einleitung

Wie oft haben Sie jemanden fragen hören: „Warum musste das passieren?"

Wir leben in einer Welt voller Probleme: Sünde, Krankheit, Trauer, Furcht und Tod.

Ohne Gott ist der Mensch hoffnungslos.

Aber in Christus haben wir Hoffnung für heute und die sicheren Verheißungen Gottes für alle Ewigkeit.

Heute werden wir noch mal auf die zwei wichtigsten Tatsachen der Menschheitsgeschichte zurückblicken:

- Aufgrund von Adams Sünde wurde die ganze Menschheit von Gott getrennt.
- Aber Gott sandte Jesus Christus, um für die Sünden aller Menschen zu sterben, sodass alle, die an Christus glauben, vollkommen von Gott angenommen sind.

Sowohl die Menschheitsgeschichte als auch unser persönliches Leben drehen sich um diese Tatsachen.

Mit Jesus Christus sieht das alles ganz anders aus!

Gott schuf Mann und Frau nach seinem Bild.

Lesen Sie 1. Mose 2,7.21-25

Gott schuf Adam aus dem Erdboden und hauchte ihm Leben ein.

Dann schuf Gott Eva aus einer Rippe Adams.

- Gott machte Eva als passende Gehilfin für Adam.
- Es war Gottes Plan, dass sie als ein Fleisch zusammen sein sollten.

Lesen Sie 1. Mose 1,26-27

Achten Sie darauf, dass Gott sagt: *„Lasst uns ..."*

- Gott ist eine Dreieinheit.
- Gott-Vater, Gott-Sohn und Gott-Heiliger Geist waren an der Schöpfung beteiligt.

Gott schuf den Menschen, seine letzte und größte Schöpfung, als sein eigenes Ebenbild.

Joh 4,24

- Gott, der allmächtige Schöpfer, hat keinen menschlichen Körper, wie wir ihn haben – dennoch wollte Gott, dass wir ihm in gewisser Hinsicht ähnlich sind.
- Gott gab dem Menschen einen Verstand, um ihn zu kennen, Emotionen, um ihn zu lieben, und einen Willen, damit der Mensch sich frei dazu entscheiden kann, ihm zu gehorchen. [1]

Kein Tier hat wie der Mensch die Fähigkeit, mit Gott zu kommunizieren, ihn zu lieben und ihm zu dienen.

[1] Die Bibel sagt nicht genau, was „nach Gottes Bild" bedeutet. Aber die Eigenschaften, die hier aufgeführt sind, spiegeln das Bild unseres Schöpfers wider.

Gott machte den Menschen zum Verwalter über die Schöpfung, aber der Mensch hat sich nicht der Autorität Gottes unterworfen.

Jesus Christus hat sich Gott vollkommen unterworfen und ist berechtigt, über Gottes Schöpfung zu herrschen.

Lesen Sie 1. Mose 1,28-30

Gott erwählte den Menschen, damit der auf der Erde über die ganze wunderbare Schöpfung herrschte.

1Chr 29,11
Ps 24

- Alles gehörte Gott.

- Er ist der Schöpfer und souveräne Herrscher über alles.

- Und über alles, was Gott schuf, setzte er den Menschen als Verwalter ein.

 Bedenken Sie

Gott hatte eine wunderschöne, vollkommene Welt geschaffen. Aus Liebe gab er sie dem Menschen. Genauso wie ein Vater Freude daran hat, seinem Sohn gute Dinge zu geben, so hatte Gott Freude daran, Adam die Erde zu geben.

 Bedenken Sie

Wie der Eigentümer eines großen Unternehmens einen Geschäftsführer einsetzen würde, damit der sich um all seine Geschäfte kümmert, so wählte Gott den Menschen, um die Erde zu verwalten. Genauso wie ein Geschäftsführer unter der Leitung des Eigentümers steht, so wollte Gott, dass der Mensch zu ihm schaut und seinen Willen und seine Weisheit in allen Angelegenheiten sucht.

Gott hat den Menschen nicht so gestaltet, dass der sein Leben selbst im Griff hätte.

Wie ein Geschäftsführer sich in seiner Arbeit dem Eigentümer unterstellen muss, so sollte sich auch der Mensch seinem Schöpfer – Gott, dem alles gehört – unterstellen.

Der Mensch hat eine sehr hohe Stellung erhalten. Aber, wie ein Geschäftsführer, konnte er diese Stellung nur behalten, solange er in Übereinstimmung mit dem Eigentümer arbeitete.

Ps 19,8-12; 23; 25,1-15

Spr 1,7; 2,1-8

Wie wir wissen, entschied der Mensch stattdessen, seinen eigenen Weg zu gehen.

- Er wollte sehen, ob es etwas Besseres gab als das, was Gott ihm gegeben hatte.

- Er folgte dem Rat Satans.

Diese Sünde ließ die ganze Menschheit in Sünde stürzen, und der Mensch verlor seine Stellung als Verwalter der Schöpfung Gottes.

Aber als Jesus Christus auf die Erde kam, war er seinem Vater in allem vollkommen unterworfen.

Hebr 5,7
Phil 2,6-11

- Weil Jesus sich unterworfen hat, gab Gott ihm Vollmacht, für immer über die ganze Schöpfung – die Himmel und die Erde und alles darin – zu herrschen und zu regieren.

- In Matthäus 28,18 sagt Jesus: *„Mir ist alle Macht im Himmel und auf der Erde gegeben."*

Noch leben wir aber in einer gefallenen Welt.

Röm 8,18-23

- Wir erleiden immer noch Krankheiten, Schwierigkeiten und den leiblichen Tod.

- Das alles wird bleiben, bis Jesus wiederkommt, um seinen rechtmäßigen Platz als Herrscher einzunehmen.

Eines Tages wird sich *alles* unserem Herrn Jesus unterwerfen.

In Philipper 2,10-11 wird uns Folgendes über die Zukunft gesagt: *„Denn vor dem Namen Jesus wird einmal jedes Knie gebeugt; von allen, ob sie im Himmel sind, auf der Erde oder unter ihr. Und jede Zunge wird bekennen: ‚Jesus Christus ist der Herr!' So wird Gott, der Vater, geehrt."*

Als Gläubige können wir ihn jetzt schon preisen!

Wir können ihn dafür preisen, dass wir nicht mehr in Adam sind.

Wir wurden von Neuem in die Familie Gottes hineingeboren – wir sind jetzt in Christus.

Joh 1,12-13

Gott sorgte ausreichend vor und gab dem Menschen klare Anweisungen.

 Lesen Sie 1. Mose 2,8-9

Die große Vielfalt, mit der Gott Adam und Eva versorgt hat, und seine Großzügigkeit dabei sind für uns unvorstellbar.

Im Garten gab es eine riesige Auswahl an Nahrungsmitteln. Alles war vollkommen.

 Lesen Sie 1. Mose 2,16-17

Gott pflanzte den Baum des Lebens in den Garten, damit Adam und Eva davon essen und für immer mit ihm leben könnten.

> **Bedenken Sie**
>
> *Bevor Adam und Eva Gott ungehorsam waren, gab es keine Krankheit und keinen Tod.*
>
> 1Mo 3,22   *Wenn Adam und Eva vom Baum des Lebens gegessen hätten, dann hätten ihre Körper für immer gelebt.*

Nur *ein* Baum war verboten. Gott machte es ganz klar, was passieren sollte, wenn sie von diesem Baum essen würden.

- Sie würden sterben.
- Tod bedeutet Trennung: Trennung von Gott, der Lebensquelle.

Gottes Anweisungen waren klar; seine Fürsorge war vollkommen.

Gott war ihre Lebensquelle.

- In allen Dingen waren sie von ihm abhängig.
- Hi 12,10   Er war derjenige, der ihnen Leben gegeben hatte und sich um alles kümmerte, was sie brauchten.

Auf die gleiche Weise ist Jesus Christus unsere Lebensquelle.

- Wenn wir an ihn glauben, haben wir ewiges Leben.
- Joh 3,16; 16,24   Durch ihn können wir mit allem im Gebet zu Gott kommen, ob es nun alltägliche Angelegenheiten oder die großen Fragen des Lebens sind.

1Jo 5,14-15

Adam und Eva haben den Versuchungen Satans nachgegeben.
Jesus widerstand den Versuchungen Satans.

 Lesen Sie 1. Mose 3,1-5

Satan, der im Himmel gegen Gottes Autorität rebelliert hatte, verführte jetzt Eva zur Rebellion.

Satan nannte Gott einen Lügner.

Eva wurde betrogen und dachte, dass Gott ihr etwas Gutes vorenthielte.

- Beachten Sie, wie Satan Gottes Worte nahm und sie verdrehte.
- Das ist eine der Lieblingstaktiken Satans.

Als Jesus Christus auf die Erde kam, wollte Satan auch ihn versuchen.

Erinnern Sie sich, wie Jesus auf die Lügen Satans antwortete?

- Er zitierte treffend Gottes Wort und weigerte sich, seinem himmlischen Vater ungehorsam zu sein.
- In Matthäus 4,10 sagt Jesus zu Satan: *„Weg mit dir, Satan! Es steht geschrieben: ,Du sollst den Herrn, deinen Gott, anbeten und ihm allein dienen!'"*

Bildvorschlag: Bild Nr. 61
„Jesus in der Wüste"

Adam war Gott ungehorsam.
Jesus Christus war Gott vollkommen gehorsam.

 Lesen Sie 1. Mose 3,6

Eva wurde von Satans Lügen betrogen; Adam war Gott bewusst ungehorsam.   1Tim 2,14

Bildvorschlag: Bild Nr. 5
„Der Sündenfall"

Jesus ist den gleichen Versuchungen begegnet, denen wir ausgesetzt sind.

Aber er wurde niemals von Satans Lügen betrogen und hat niemals gegen seinen Vater rebelliert.

 Lesen Sie Johannes 6,38

Als Gott, der Sohn, auf die Erde kam, war er in allem Gott, dem Vater, vollkommen gehorsam.

Adams und Evas Sünde trennte sie von Gott.
Jesus Christus hat den Menschen mit Gott versöhnt.

Wegen ihres Ungehorsams wurden Adam und Eva von Gott getrennt.

 Lesen Sie 1. Mose 3,7-10

Ihre Gemeinschaft mit Gott wurde zerstört.

Sie würden jetzt alt werden und sterben.

Adam war der erste Mensch – alle Menschen auf der Erde stammen von ihm ab.

Adams Sünde hat sich auf die ganze Menschheit ausgewirkt.   Röm 5,12

- Alle seine Kinder und deren Nachkommen wurden als Sünder geboren.

- Alle Menschen sterben als Folge der Sünde.

Röm 5,1-2

Wir alle waren einmal aufgrund unserer Sünde von Gott „abgeschnitten".

1Kor 15,42-44

Jes 53,6

Röm 8,1

Aber in dem Moment, als wir unser Vertrauen auf Jesus Christus als unseren Erretter gesetzt haben, wurden wir von Gott vollkommen angenommen.

Auch wenn unser Körper immer noch unter den Folgen der Sünde leidet, werden wir für immer mit Gott im Himmel leben.

Jesus nahm die ganze Bestrafung für unsere Sünde auf sich.

- Wir brauchen keine Strafe mehr zu befürchten.

- Wir brauchen nicht mehr zu denken, dass wir uns vor Gott verstecken müssten, wie Adam und Eva es taten.

- Auch müssen wir nicht mehr versuchen, unsere Sünde zu verdecken.

Wenn Gott uns anschaut, sieht er uns durch Jesus Christus.

> **Erklären Sie**
>
> *Ein afrikanischer Gläubiger drückte es in etwa so aus: „Wenn Gott mich anschaut, dann ist es, als ob ich hinter Jesus stünde. Gott sieht ihn immer zuerst. Dann sieht er mich, in Christus."*

Jesus Christus lebte das gerechte Leben, das wir nicht führen könnten, und starb den Tod, den wir verdient haben.

Kol 1,20

2Kor 5,19-21

Wenn wir an Christus glauben, sieht Gott unsere Sündenschuld als vollkommen bezahlt an und gibt uns die Gerechtigkeit seines Sohnes Jesus.

- In seinen Augen sind wir nicht mehr Feinde, sondern Freunde.

- Die Bibel sagt, dass wir *„mit Gott versöhnt"* sind.

Gott hat wegen der Sünde einen Fluch ausgesprochen.
Jesus Christus hat den Fluch der Sünde für uns auf sich genommen.

 Lesen Sie 1. Mose 3,14-20

Der Fluch hatte eine Auswirkung auf alles auf der Erde: auf Menschen, Tiere und sogar Pflanzen.

Der Boden, der Gutes hervorgebracht hatte, brachte jetzt Dornen und Disteln hervor.

Lesen Sie Johannes 19,1-2

Bildvorschlag: Bild Nr. 86
„Die Soldaten verspotten Jesus"

Als Pilatus Jesus Christus den Soldaten übergab, setzten sie eine Dornenkrone auf Jesu Haupt.

2Kor 5,21

Gal 3,13

Sie taten das, um über ihn zu spotten; Gott ließ das zu, um zu zeigen, dass Jesus den ganzen Fluch der Sünde auf sich nahm.

Gott versprach, Satan zu richten, indem er einen Befreier senden würde.
Jesus Christus ist der verheißene Befreier.

✝ Lesen Sie noch mal 1. Mose 3,15

Lassen Sie uns näher betrachten, wie Jesus diese Worte Gottes erfüllt hat.

1. **Der Befreier würde der Sohn einer Jungfrau sein.**
   Jesus Christus war der Sohn einer Jungfrau.

   Gott sagte, dass der kommende Befreier von einer Frau geboren werden, aber keinen leiblichen Vater haben würde. **Jes 7,14 / Mt 1,18-20**

   Als Erfüllung von Gottes Verheißung wurde Jesus als Sohn Marias, einer Jungfrau, geboren.

   Alle, die von Adam abstammten, waren Sünder, aber Jesus stammte nicht von Adam ab.

   Jesus war der Sohn Gottes, vollkommen und heilig. **Lk 3,22**

2. **Der Befreier würde von Satan verletzt werden.**
   Jesus wurde verletzt und musste leiden.

   In Jesaja sagt uns Gottes Wort, dass Jesus sehr entstellt und kaum noch als Mensch zu erkennen war.

   Jesus wurde für unsere Sünden misshandelt. **Jes 52,14**

   - Die Bestrafung, die wir verdient haben, wurde auf ihn gelegt. **Jes 53,4-6 / Joh 8,44**

   - Wir können uns nicht vorstellen, welche schrecklichen Leiden Jesus für uns erlitten hat.

   Jesus hatte zuvor Satans wahren Charakter als Lügner, Mörder und Vater der Lüge aufgedeckt.

   - Satan wollte Jesus zerstören – durch die bösen Menschen, die sich an Jesu Festnahme, falschen Anklagen gegen ihn, Schlägen, Auspeitschung und Kreuzigung beteiligten.

   - Aber Jesus erduldete alles und nahm die Strafe auf sich, die wir für unsere Sünden hätten empfangen sollen. **1Petr 2,24 / Mt 26,53-54**

   Jesus gab sein Leben freiwillig auf; Satan hat es nicht von ihm genommen.

3. **Gott versprach, dass der Befreier die Macht Satans zerstören würde.**
   Durch Jesu Tod und Auferstehung zerstörte Gott Satans Macht und befreite den Menschen von Satan, der Sünde und dem Tod. **Hebr 2,14-15**

   Satan hatte Adam und Eva und die ganze Menschheit unter seine böse Macht gelockt.

   Aber er konnte Jesus nicht von Gott wegführen.

   Satan konnte Jesus Christus nicht besiegen, weil Jesus nie gesündigt hatte.

Bildvorschlag: Bild Nr. 87
„Die Kreuzigung"

Röm 6,5

Hebr 10,10

2Kor 5,21

1Kor 15,20-33.54-57

Röm 6,6-7

Eph 2,3-5

Lk 12,4-5

Röm 8,31-39

Mt 28,18

Gal 2,20

1Kor 1,18

Am Kreuz trug Jesus alle unsere Sünden – alles, was uns in die Sklaverei Satans gebracht hatte.

Jesus nahm die vollständige Strafe für diese Sünden auf sich und starb den Tod, den wir verdient hätten.

Für diejenigen, die an Jesus Christus glauben, ist Satans Macht gebrochen.

- Aufgrund von Adams Sünde kamen wir alle in den Machtbereich Satans.

- Aber alle Gläubigen wurden durch den Tod und die Auferstehung Jesu Christi von Satans Macht befreit!

- Wir brauchen uns nicht mehr vor Satan und seinen Dämonen zu fürchten.

- Unser Erretter, der Herr Jesus Christus, hat die Macht Satans, der Sünde und des Todes zerstört.

Jesus Christus hat alle Macht im Himmel und auf Erden, und er errettet alle, die ihm vertrauen.

Jesus Christus hat nicht nur die Macht, uns von der ewigen Strafe zu erretten, er kann uns auch jeden Tag von Satans Macht und Versuchungen erretten.

 Bedenken Sie

Der Mensch hat viele Dinge ausprobiert, um sich von der Gefangenschaft und Sklaverei der Sünde zu befreien – Selbsthilfegruppen, Medikamente, Ratgeber, positives Denken usw. Manchmal finden Menschen vorübergehende Abhilfe durch diese und andere Dinge.

Aber Jesus Christus hat die oberste Gewalt über Sünde, Satan und Tod. In ihm können wir den wirklichen Sieg und die Freiheit von der Gefangenschaft Satans finden.

In Johannes 8,32 und 8,36 sagt Jesus: *„Dann werdet ihr die Wahrheit erkennen und die Wahrheit wird euch frei machen. ... Wenn euch also der Sohn frei macht, seid ihr wirklich frei."*

Röm 6,6-7.18; 8,1

In Christus haben wir Freiheit von der Sklaverei Satans und der Sünde.

 Bedenken Sie

Uns Gläubigen wird nicht völlige Gesundheit oder ein einfaches Leben versprochen. Schließlich leben wir noch in einer Welt, die von der Sünde befleckt ist.

Aber uns wird Freiheit von der Gefangenschaft Satans versprochen.

Und uns wird Friede versprochen.

 Lesen Sie Johannes 16,33

Gott tötete Tiere, um Kleidung für Adam und Eva zu machen.
Jesus Christus starb, damit wir mit seiner Gerechtigkeit bekleidet werden können.

1Mo 3,7

Adam und Eva versuchten, ihre nackten Körper mit Blättern zu bedecken.

Hat Gott ihr Bemühen angenommen?

- Nein. Gott hat ihr eigenes Bemühen nicht angenommen, und er wird unseres auch nicht annehmen.

Jes 64,5

- Gott sagt, dass unsere guten Werke wie ein schmutziges Gewand sind. Er wird sie nicht annehmen.

Dennoch verhält sich die Menschheit immer noch genauso wie Adam und Eva: Sie versucht, durch gute Werke ihre eigenen Sünden zu verdecken und Gott so zu gefallen.

Bedenken Sie

Wir sollten für Menschen beten, die wir kennen, die sich noch auf ihre guten Werke verlassen, damit sie errettet werden.

Viele Menschen sind sehr ernsthaft in ihrem religiösen Bemühen, aber sie haben immer noch nicht verstanden, dass nur Jesus Christus sie erretten kann.

Apg 4,12

Röm 3,20-24

Als wir zum Glauben an Christus kamen, stimmten wir Gott zu, dass wir überhaupt nichts tun konnten, um uns selbst zu erretten.

- Dieses Prinzip haben wir in den verschiedenen Geschichten des Alten Testaments immer wieder deutlich gesehen.

- Wir haben es zuerst in der Geschichte von Adam und Eva gesehen.

Was tat Gott, um Adam und Eva zu kleiden?

 Lesen Sie 1. Mose 3,21

Er kleidete sie mit Gewändern aus Fell.

 Erklären Sie

Das bedeutet, dass Tiere dafür sterben mussten. Adam und Eva hatten den Tod verdient, aber Gott tötete Tiere an ihrer Stelle. Damit zeigte er, wie wir zu ihm kommen können – durch vergossenes Blut und Bekenntnis unserer Sünden.

3Mo 17,11

Gott war dabei, den einzigen Weg einzurichten, auf dem er den Menschen jemals annehmen würde: Der Mensch musste durch das vergossene Blut eines vollkommenen Opfers zu ihm kommen.

Hebr 9,22

Dieser Bericht in 1. Mose 3 ist der erste Bericht eines Blutopfers. Dieses Muster bleibt die ganze Bibel hindurch immer gleich.

Überall im Alten Testament war das der Weg, auf dem Gläubige zu Gott kamen – nicht durch ihre guten Werke, sondern durch den Glauben, mit einem Blutopfer als Bedeckung für ihre Sünden.

Aber das Blut der Tiere war nur eine vorübergehende Bedeckung. Gott versprach etwas Besseres.

Hebr 10,1-18

Gott sandte den Herrn Jesus Christus in die Welt, um für unsere Sünden zu sterben und unser Erretter zu sein.

Joh 3,16

- Es war Gott, der unsere Sünden nahm und sie auf Jesus legte.

2Kor 5,21

- Es war Gott, der Jesus an unserer Stelle bestrafte.

Apg 10,40

Röm 4,25

- Es war Gott, der den Herrn Jesus vom Tod auferweckte, damit wir vor Gott vollkommen annehmbar sein konnten.

Gal 3,24

Röm 8,1

- Und es war Gott, der uns unsere Sündhaftigkeit gezeigt und uns dazu gebracht hat, unseren Glauben allein auf den Herrn Jesus als unseren Erretter zu setzen.

Durch Jesus Christus sind wir vollkommen von Gott angenommen.

- Wir müssen uns nicht mehr selbst anstrengen.

- Wir sind vollkommen von Gott angenommen.

Eph 1; 2

Gott sieht uns bekleidet mit der Gerechtigkeit seines Sohnes Jesus Christus.

Joh 1,12

Wir brauchen nie mehr zu denken, dass wir von Gott getrennt wären.

1Jo 3,1

In Christus sind wir vollkommen angenommen, in Gottes eigene Familie neu hineingeboren.

2Kor 5,17

Röm 8,14-16

- Es ist nicht mehr wichtig, was wir einmal waren oder woher wir kommen.

Eph 2,19

- In Jesus Christus sind wir vollkommen neu gemacht worden.

- Durch ihn sind wir volle Mitglieder der Familie Gottes.

Gott vertrieb Adam und Eva aus dem Garten und verhinderte so den Zugang zum Baum des Lebens.

Aber in Jesus Christus sind wir vollkommen von Gott angenommen und haben ewiges Leben bekommen.

 Lesen Sie 1. Mose 3,22-24

Gott vertrieb Adam und Eva aus dem Garten.

Bildvorschlag: Bild Nr. 7 „Die Vertreibung Adams und Evas aus dem Garten Eden"

Röm 6,23   - Sie konnten nie von der Frucht des Baums des Lebens essen.

Röm 5,18   - Die Strafe für Sünde ist der Tod; Adam und Eva würden alt werden und sterben.

Infolge der Sünde Adams sind alle Menschen dazu verurteilt zu sterben.

Aber Jesus Christus starb für unsere Sünden, damit wir ewiges Leben haben könnten.

 Lesen Sie Johannes 3,16

Das Leben, das wir in Jesus Christus haben, ist ewig, und dieses ewige Leben hat schon angefangen.

 Lesen Sie Johannes 5,24

Wenn wir an Jesus Christus glauben, sind wir vollkommen von Gott angenommen – jetzt und für immer.

Fazit

Wenn wir wissen, dass wir von Gott angenommen sind, verändert das unsere Lebensweise.

1Jo 3,3   - Wir müssen nicht mehr in Furcht leben.

1Jo 4,18   - Wir brauchen nicht mehr versuchen, uns Gottes Gunst zu verdienen.

2Tim 1,7

Hebr 2,14-15   - Unsere Vergangenheit oder ein schwieriger Familienhintergrund muss uns nicht weiterhin verunsichern.

1Petr 1,18-21   Stattdessen ist unser Leben auf unseren himmlischen Vater ausgerichtet.

Eph 2,19   Wir sind jetzt volle Mitglieder seiner Familie.

Er hat uns in Jesus Christus vollkommen angenommen.

2Tim 3,16-17   Da wir jetzt Gottes Kinder sind, wie können wir unseren himmlischen Vater kennenlernen?

2Petr 1,3-8   - Indem wir sein Wort lesen,

Gal 2,20   - indem wir Zeit mit ihm im Gebet verbringen,

- indem wir an die wunderbaren Dinge, die er für uns getan hat, glauben und darüber nachsinnen.

Er gibt uns die Kraft, das neue Leben auszuleben, das er uns als Mitglieder seiner Familie gegeben hat.

Lassen Sie uns unserem Vater danken, dass er uns in seine Familie aufgenommen hat!

✍ Fragen

1. Wen erwählte Gott am Anfang, um über die Erde zu herrschen?

   _____

   _____

2. Adam und Eva waren Gott ungehorsam und haben das Vorrecht verloren, über die Erde zu herrschen. Wem hat Gott alle Macht im Himmel und auf der Erde gegeben?

   _____

   _____

   _____

3. Auf dieser Welt gibt es immer noch Krankheiten, Schwierigkeiten, und wir müssen sterben. Wann werden diese Probleme ein Ende haben?

   _____

   _____

   _____

4. Satan führte Adam in Versuchung. Satan kam auch, um den Herrn Jesus zu versuchen. Was war der große Unterschied zwischen Adam und Jesus und wie sie der Versuchung begegneten?

   _____

   _____

   _____

   _____

5. Als Jesus gekreuzigt wurde, setzte man eine Dornenkrone auf sein Haupt. An was erinnert uns diese Dornenkrone?

   _____

   _____

   _____

6. Als Gott versprach, einen Befreier zu senden, sagte er, dass der Befreier der Nachkomme einer Frau sein würde. Wie wurde diese Verheißung in Christus erfüllt?

   _____

   _____

   _____

7. Gott sagte, dass der verheißene Befreier von Satan verletzt würde. Wie erfüllte sich diese Verheißung im Leben Jesu Christi?

   _____

   _____

8. Gott sagte, dass der verheißene Befreier die Macht Satans zerstören würde. Wie hat Jesus Christus diese Verheißung erfüllt?

_____

_____

_____

9. Gott machte Kleider aus Tierfellen und kleidete Adam und Eva. Inwiefern erinnert uns das daran, was Gott für uns durch Jesus Christus getan hat?

_____

_____

_____

10. Gott vertrieb Adam und Eva aus dem Garten Eden. Er wollte nicht, dass sie oder ihre Nachkommen vom Baum des Lebens essen und für immer leben würden. Wie hat der Herr Jesus das für uns geändert?

_____

_____

_____

Anmerkungen für Nachfolger

1. Lernen Sie Johannes 5,24 auswendig.

2. Schreiben Sie in Ihren eigenen Worten auf, was dieser Vers bedeutet. Nehmen Sie sich dann Zeit, um darüber nachzudenken, wie er in Ihrem Leben Anwendung findet.

3. Lesen Sie weiter im Johannesevangelium.

Anmerkungen für Nachfolger sind freiwillige Aktivitäten, die Sie den Kursteilnehmern für ihr persönliches geistliches Leben anbieten können. Sie sind nicht als Hausaufgaben gedacht, sondern als Angebot für diejenigen, die im Glauben wachsen möchten.

Ermutigen Sie die Teilnehmer, sich mit diesen Aufgaben zu beschäftigen, aber setzen Sie sie nicht unter Druck.

Wenn Sie am Ende der Lektion noch Zeit haben, bietet sich vielleicht die Möglichkeit, dass einige der Teilnehmer von ihren persönlichen Studien erzählen.

Für immer in Gottes Familie

Bibelabschnitte: 1. Mose 3,24; 4,1-8.15-16.25-26; 5,22-24; 6,5-8.13-16.22; 7,1.16-17.23; 8,1-4; 9,11-13.18-19; 11,1-9

Lektionsziele

- das Schicksal der Ungläubigen aufzuzeigen;
- Gottes Rettungsplan zu zeigen: aus Gnade durch den Glauben, so wie es bei Gottes Bewahrung von Noah und seiner Familie in der Arche und bei Jesus Christus, der ‚Arche' des Schutzes für den Gläubigen, zum Ausdruck kommt;
- die Geborgenheit zu veranschaulichen, die dem Gläubigen durch Jesus Christus gegeben wird.

Diese Lektion soll den Kursteilnehmern helfen

- die gegenwärtige Weltsituation zu verstehen – eine Welt, die immer noch unter dem Fluch der Sünde steht;
- die große Geborgenheit wertzuschätzen, die Gott durch die Errettung in Christus bereitgestellt hat;
- ihre Beziehung zu Gott durch Jesus Christus besser zu verstehen.

Zusatzinformationen für den Kursleiter

In diesem Zeitalter der großen wissenschaftlichen Entdeckungen, medizinischen Fortschritte, sofortigen Nachrichtenübermittlung und ständigen Meldungen menschlicher Errungenschaften finden die Menschen keine Geborgenheit, sondern sind vielmehr stark verunsichert. Selbst die größten menschlichen Leistungen können dem Geist des Menschen keinen Frieden und keine Sicherheit geben.

⚔ Überblick

Diese Lektion vergleicht Adams Nachkommen (getrennt von Gott) mit Menschen, die an Jesus Christus glauben (Mitglieder der Familie Gottes).

Die Arche und ihre einzige Tür werden mit Jesus Christus als unserem einzigen Weg der Errettung verglichen.

Die Geborgenheit des Gläubigen in Christus wird die ganze Lektion hindurch betont.

Alttestamentliche Beispiele von **Ungläubigen** in dieser Lektion sind Kain, die Menschen zur Zeit Noahs und die Menschen, die am Turmbau zu Babel beteiligt waren.

Alttestamentliche Beispiele von **Gläubigen** in dieser Lektion sind Abel, Henoch und Noah.

Keine Entdeckung, keine Medizin, keine neue Errungenschaft und kein Bemühen des Menschen kann das grundlegendste Bedürfnis des Menschen erfüllen – ewigen Frieden mit seinem Schöpfer.

Gott, und zwar nur Gott allein hat das ermöglicht. Und er hat es so gemacht, wie kein anderer es gemacht hätte, indem er seinen eigenen Sohn sandte, um für sündige Menschen zu sterben. Wie die raue, hölzerne Arche, die gebaut wurde, bevor der erste Regen auf die Erde fiel, so schien auch ein Kind in einer Krippe wenig vielversprechend zu sein, um die Menschheit sicher aus der Gefahr herauszuführen, für Sünde gerichtet zu werden.

Die hölzerne Arche war mit Pech beschichtet, um die Todeswasser nicht hereinzulassen. Aber unsere „Arche" war mit blauen Flecken und Blut bedeckt, um uns vor der Strafe zu bewahren, die wir verdient haben.

Gott schloss Noah und seine ganze Familie in die Arche ein, damit sie nicht von der Flut vernichtet werden würden. Wir wurden auch sicher in unsere „Arche" – Jesus Christus – eingeschlossen, und wir brauchen nie zu fürchten, dass wir umkommen. *„Wir wissen ja: Wenn unser irdisches Zelt abgebrochen wird, haben wir eine Wohnung von Gott, ein nicht von Menschenhand gebautes ewiges Haus in den Himmeln"* (2Kor 5,1).

Anschauungsmaterial

- Bild Nr. 8: „Kain und Abel bringen Gott Opfer"
- Bild Nr. 10: „Noahs Arche"
- Bild Nr. 11: „Noahs Opfer und der Regenbogen"
- Bild Nr. 12: „Der Turmbau zu Babel"

Lektionsentwurf

Wiederholung der Fragen aus Lektion 4.

⤵️ Einleitung

Wir leben in einer Welt, die infolge der Sünde verflucht ist.

Überall, wo wir hinschauen, können wir die Auswirkungen der Sünde des Menschen sehen.

Röm 8,18-22   Krankheit, Tod, jede Art von Schmerz, Leid und Zerstörung sind die Auswirkungen der Rebellion des Menschen gegen Gott.

- Aufgrund der Sünde ist unser Leib von Geburt an mit Schwächen behaftet, sind wir anfällig für Krankheiten.

Röm 5,12
2Kor 4,16

- Adams Sünde bewirkte den Tod, und wir alle, Adams Nachkommen, werden dem leiblichen Tod begegnen.

Joh 3,16;
5,24   Auch wenn unser Körper verfällt, so ist doch unser Geist in Christus neu gemacht worden.

- Alle werden körperlich sterben, aber Christen werden niemals dem geistlichen Tod begegnen müssen.

- Wir haben ewiges Leben in Jesus Christus geschenkt bekommen.

Kain und Abel und alle Nachkommen Adams wurden außerhalb des Gartens geboren, getrennt von Gott.
Aber in Christus wurden wir neu in Gottes Familie hineingeboren.

 Lesen Sie 1. Mose 3,24; 4,1-2

Kain und Abel und alle Nachkommen Adams, Sie und mich eingeschlossen, wurden außerhalb des Gartens geboren, getrennt von Gott und ohne Zugang zum Baum des Lebens.

Joh 1,12-13   Aber als wir unser Vertrauen auf Jesus Christus gesetzt haben, wurden wir neu in Gottes Familie hineingeboren.

 Lesen Sie Johannes 1,12

Wir sind nicht mehr von Gott und vom ewigen Leben getrennt.

Röm 8,38-39   Nichts kann uns trennen von Gott und seiner großen Liebe zu uns, die er uns durch Jesus Christus geschenkt hat.

 Lesen Sie Johannes 10,27-28

Abel kam durch den Glauben zu Gott.
Wir sind durch den Glauben an Jesus Christus zu Gott gekommen.

 Lesen Sie 1. Mose 4,3-4

Abel tötete ein Lamm und brachte es Gott als Opfer.

Warum nahm Gott Abel und dessen Opfer an?

Hebr 11,4

- Abel kam auf die Weise zu Gott, die Gott dafür bestimmt hatte.

Hebr
10,4.10

- Abel kam durch den Glauben – er vertraute Gottes Verheißung, einen Befreier zu senden.

Bildvorschlag: Bild Nr. 8 „Kain und Abel bringen Gott Opfer"

Röm
5,9-11
1Tim
2,5-6

Hat das Blut des Lammes für Abels Sünden bezahlt?

- Nein.

- Nur Jesus Christus konnte vollständig für Sünden bezahlen.

Wir sind auch auf die Weise zu Gott gekommen, die er bestimmt hat: durch Jesus Christus und sein vergossenes Blut für unsere Sünden.

Gott hat den Tod Jesu Christi als vollständige Bezahlung für alle Sünden der ganzen Welt vollkommen angenommen.

Wir haben unser Vertrauen auf ihn gesetzt.

- Gott nimmt uns vollkommen an.

- Unsere Sündenschuld wurde für immer vollständig bezahlt.

Kol 2,13

Kain glaubte Gott nicht, sondern kam auf seine eigene Art und Weise – das ist der Weg der Welt heute.

 Lesen Sie 1. Mose 4,5

Warum hat Gott Kain und dessen Opfer abgewiesen?

- Weil Kain nicht zugeben wollte, ein Sünder zu sein und nur von Gott errettet werden zu können.

Hebr
11,4-6

- Kain glaubte Gott nicht.

1Jo 3,12

- Er vertraute nicht auf Gottes Verheißung, einen Befreier zu senden.

- Und Kain weigerte sich, das Blutopfer zu bringen, das Gott von ihm forderte.

Hebr 9,22

Stattdessen kam Kain auf seine eigene Weise.

In seiner Gnade gab Gott Kain die Möglichkeit, Buße zu tun. Aber stattdessen wurde Kain zornig und tötete seinen Bruder Abel.

 Lesen Sie 1. Mose 4,6-8

Vergleichen Sie

Sehen Sie sich die Nachrichten von heute an.

Der Mensch lebt immer noch genauso wie Kain:

- Er weigert sich, auf Gott zu hören.

- Er ist mit Zorn erfüllt.

- Er verletzt und tötet andere.

Lesen Sie 1. Mose 4,15-16

Kain entfernte sich von Gott. Seine Nachkommen folgten seinem Beispiel.

- Sie lebten für sich selbst und für die Dinge dieser Welt.

- Sie waren durch und durch selbstsüchtig und gewalttätig.

So ist es auch heute.

Diejenigen von uns, die an Jesus Christus glauben, leben immer noch in einer not-leidenden Welt.

> ✝ **Lesen Sie Johannes 16,33**

Aber wir brauchen nicht mehr wie Kain und seine Nachkommen zu leben.

Gal 2,20

Kol 1,27

1Petr 1,3-4

2Petr 2,9

- Wir haben das Leben Jesu Christi in uns. Er hat die Welt überwunden.

- In Christus haben wir die Kraft, uns den Wegen der Welt zu widersetzen und gottgefällig zu leben, egal wie andere uns behandeln.

Gott gab Set, um Abel zu ersetzen. Nachdem Sets Sohn geboren wurde, fingen Menschen an, den Herrn anzurufen.
Gott gab Jesus Christus, und wir rufen Gott durch Christus an.

> ✝ **Lesen Sie 1. Mose 4,25-26**

Gott gab Set, um Abel zu ersetzen, damit der Befreier als Nachkomme von Adam und Eva geboren werden konnte.

Set zeugte seinen ersten Sohn, Enosch.

- Zu dieser Zeit fingen die Menschen an, wieder nach dem Herrn zu fragen.

- Sie riefen seinen Namen an und baten um Barmherzigkeit und Hilfe, genauso wie Abel es getan hatte.

Der Herr Jesus war der Befreier, der als ein Nachkomme Sets kam.

- Durch Jesus Christus haben wir direkten Zugang zu Gott.

Hebr 4,15-16

Phil 4,6-7

1Petr 5,7

- Gott möchte, dass wir ihn anrufen und uns in allen Dingen auf ihn verlassen.

> 💭 **Bedenken Sie**
>
> *Heute verlassen sich die Menschen auf viele Dinge, nur nicht auf Gott, wenn sie Hilfe im Leben brauchen. Manche denken sogar, autark zu sein – sie glauben tatsächlich, dass sie durch Eigenwillen alles haben und tun könnten, was sie möchten. Sie weigern sich, Gott und seine Souveränität anzuerkennen.*
>
> *Viele Menschen verlassen sich auf ihren Finanzstatus oder auf ihre physischen und geistigen Fähigkeiten.*
>
> *Einige verlassen sich auf ihre Familienbeziehungen oder soziale Bindungen.*
>
> *Viele Menschen vertrauen auf ihre guten Werke.*
>
> *Andere erhoffen sich geistliche Führung aus Horoskopen, von Wahrsagern oder in der Esoterik.*

Lk 4,8

Röm 1,21-25

> *Auf keines dieser Dinge ist Verlass – sie sind sogar abscheulich für Gott, denn sein Wort sagt, dass wir ihn allein anbeten und ihm allein in allen Dingen vertrauen sollen.*

> 💭 **Bedenken Sie**

Kol 1,19-20

Röm 8,14-16

1Petr 5,7

1Jo 5,14-15

> *Bevor wir an Christus geglaubt haben, haben wir uns ohne Zweifel auf etwas anderes als Gott verlassen.*
>
> *Aber jetzt kennen wir die Wahrheit. Nur in dem Herrn Jesus Christus können wir das finden, was wir zum Leben brauchen. Aufgrund seines vergossenen Blutes für uns und seines Todes am Kreuz sind wir vollkommen von Gott angenommen.*
>
> *Wir sind nicht mehr von Gott getrennt. Wir sind jetzt Teil seiner Familie – seine eigenen Kinder. Er möchte, dass wir immer zu ihm kommen, wenn wir etwas brauchen.*

Gott möchte, dass wir in jeder Situation im Namen Jesu zu ihm kommen. Aufgrund unserer Beziehung zu seinem Sohn Jesus Christus verspricht er, uns zu hören und uns das zu geben, was am besten für uns ist.

Kurz bevor Jesus in den Himmel zurückkehrte, sagte er seinen Jüngern Folgendes:

 Lesen Sie Johannes 16,24

Warum können wir unsere Anliegen zuversichtlich zu Gott bringen? Phil 4,6-7

 **Lesen Sie Johannes 16,26-27**

Wir können unsere Anliegen zuversichtlich zu Gott bringen, weil er uns liebt:

- Wir lieben Christus.
- Wir glauben an Christus.

Gott nahm Henoch zu sich.
Gott wird alle Gläubigen zu sich in den Himmel nehmen.

In 1. Mose gibt Gott uns einen erstaunlichen Bericht über einen Mann namens Henoch.

 Lesen Sie 1. Mose 5,22-24

Henoch ging direkt zu Gott, ohne zu sterben.

Diejenigen unter uns, die an den Herrn Jesus glauben, haben auch ewiges Leben. 1Jo 5,13

Unser ewiges Leben begann in dem Moment, als wir an ihn geglaubt haben.

 Lesen Sie Johannes 5,24

Alle Gläubigen, die physisch sterben, kommen sofort in die Gegenwart Gottes. Lk 23,43

Wir werden in unserem Kurs im Weiteren mehr Einzelheiten darüber erfahren, wie viel Wunderbares Gott noch für seine Kinder bereithält. [1] 2Kor 5,8

Gott, der Heilige Geist, warnte die böse Menschheit durch Noah.
Gott, der Heilige Geist, warnt die Menschen immer noch durch sein Wort und durch seine Kinder.

 Lesen Sie 1. Mose 6,5-7

In 2. Petrus 2,5 wird uns gesagt, dass Noah die Menschen ermahnte, Gott zu gehorchen.

- Gott, der Heilige Geist, gebrauchte Noah als seinen Sprecher für die rebellischen Menschen zur Zeit Noahs.
- Aber sie weigerten sich zuzuhören. Nur Noah und seine Familie wurden vor der Vernichtung durch die Flut errettet.

So wie Gott, der Heilige Geist, durch Noah sprach, so spricht Gott heute noch immer zu den Menschen durch seinen Heiligen Geist.

Jesus sprach über den Heiligen Geist, den Gott den Gläubigen senden würde.

 Lesen Sie Johannes 16,8-11

Der Heilige Geist wohnt in denjenigen von uns, die an Jesus Christus glauben.

- Er gebraucht uns, damit Ungläubige etwas über ihn erfahren.
- Gottes Heiliger Geist gebraucht das Wort Gottes, um in den Herzen von Menschen zu wirken und sie von der Notwendigkeit ihrer Errettung zu überführen.

[1] In Lektion 12 wird kurz auf die Entrückung der Gläubigen eingegangen.

Das Neue Testament enthält etliche zentrale Bibelstellen über unser zukünftiges Leben mit dem Herrn. Jede davon muss gründlich studiert und im Zusammenhang verstanden werden. Ein tiefergehendes Studium ist an dieser Stelle des Unterrichts nicht notwendig.

Wenn einige Ihrer Kursteilnehmer sich besonders für dieses Thema interessieren, können Sie nach dem Unterricht noch Zeit mit ihnen verbringen und sie mit 1. Korinther 15; 1. Thessalonicher 4,13-18 und Offenbarung 21,3-4 und 22,3-5 vertraut machen. Für Neubekehrte ist es am besten, anhand dieser Stellen die Entrückung ganz einfach zu erklären. Es kann durchaus ausreichend sein, ihnen ein/zwei Bibelstellen nur zu zeigen, um ihnen die Gewissheit und Ermutigung zu geben, die sie brauchen.

Gott schuf einen Weg der Errettung für Noah – aus Gnade durch den Glauben.

Auf die gleiche Weise hat Gott einen Weg der Errettung für uns geschaffen – aus Gnade durch den Glauben an Jesus Christus.

Röm 3,23; 5,12

Wie jeder andere Mensch wurde Noah als Sünder geboren und konnte Gott nicht durch sein eigenes Bemühen gefallen.

Aber Noah vertraute dem Herrn und seiner Verheißung, einen Befreier zu senden.

Hebr 11,7

Obwohl Noah es verdiente, zusammen mit den anderen Menschen der Welt verurteilt zu werden, fand er Gnade und Barmherzigkeit, weil er Gott glaubte.

 Lesen Sie 1. Mose 6,8

Nur Gott konnte für Noah einen Weg der Errettung schaffen.

Auf die gleiche Weise wurden wir wie Noah aus Gottes Gnade errettet.

Eph 2,8-9

- Wie Noah haben wir es nicht verdient, errettet zu werden.

Tit 3,4-5

- Aber wir haben an Gottes einzigen Weg der Errettung geglaubt – Jesus Christus.

Gott befahl Noah, eine Arche – ein großes Schiff – zu bauen.

- Jedes Detail dieser Arche wurde von Gott entworfen.

- Noah glaubte Gott und baute die Arche genauso, wie Gott es ihm gesagt hatte.

Röm 3,21; 10,4

 Lesen Sie 1. Mose 6,13-16.22

Gott plante jedes Detail der Arche. Gott plante auch jedes Detail im Leben des Herrn Jesus.

- Jesu Geburt, Leben, Tod, Begräbnis und Auferstehung wurden alle genauso erfüllt, wie Gottes Propheten es geschrieben hatten.

- Alles, was Jesus sagte und tat, war in Einklang mit Gottes vollkommenem Plan.

Hebr 10,14

Wie die Arche, so war auch Jesus Christus Gottes vollkommener Weg für die Errettung des Menschen.

Die Arche hatte nur eine Tür.

- Durch diese eine Tür gingen alle Tiere und als Letztes Noah und seine Familie.

- Nur *ein* Weg führte zur Geborgenheit.

 Lesen Sie 1. Mose 7,1.16

Wer schloss die Tür der Arche?

Gott tat es!

Warum?

Damit alle, die in der Arche waren, geborgen sein würden, aber alle, die draußen waren, nicht mehr hineinkommen könnten.

Bildvorschlag: Bild Nr. 10 „Noahs Arche"

- Die Menschen hatten Zeit, um Buße zu tun, aber sie weigerten sich.

- Die Zeit des Gerichts war gekommen. Nur diejenigen, die Gott glaubten, durften in die Arche, den Ort der Geborgenheit.

Wie die Arche mit ihrer einzigen Tür, so ist Jesus Christus der einzige Weg der Errettung für alle Menschen überall auf der Welt.

Apg 4,12

- Wir kommen in die Familie Gottes hinein durch Jesus Christus, die Tür zum ewigen Leben.

 Lesen Sie Johannes 14,6

- Diejenigen von uns, die an Christus glauben, sind bei Gott an einem sicheren Ort der Geborgenheit eingeschlossen.

Joh 10,28-29
1Petr 1,5

Alle, die nicht in der Arche waren, sind umgekommen.
Aber alle, die an Jesus Christus glauben, werden niemals umkommen.

 Lesen Sie 1. Mose 7,17.23

Jedes Lebewesen außerhalb der Arche starb.

Aber alle, die in der Arche waren, wurden von Gott gerettet.

 Lesen Sie 1. Mose 8,1-4

Gott bewahrte Noah, seine Familie und alle Tiere sicher in der Arche.

- Gott ließ die Fluten zurückgehen.

- Gott sorgte dafür, dass die Arche auf trockenem Boden wieder sicher aufliegen konnte.

Gott versprach, dass er die Erde nie wieder durch eine Flut zerstören würde. Er gab den Regenbogen als Zeichen dieser Verheißung.

Ps 104,7-9

Bildvorschlag: Bild Nr. 11 „Noahs Opfer und der Regenbogen"

 Lesen Sie 1. Mose 9,11-13

Durch den Glauben gingen Noah und seine Familie in die Arche und wurden sicher bewahrt.

Auf ähnliche Weise werden diejenigen von uns, die an Jesus Christus glauben, in jeder Prüfung ihres Lebens sicher bewahrt.

Joh 14,27; 16,33
Röm 8,28-39

- Vor den Problemen, denen wir auf dieser Erde begegnen werden, brauchen wir uns nie zu fürchten.

- Wir sind sicher in Gottes Arche der Geborgenheit – Jesus Christus.

- Kein Lebenssturm, kein Gericht für Ungläubige kann uns jemals von Gott trennen.

- Selbst vor dem Tod brauchen wir nie mehr Angst zu haben, denn Jesus hat den Tod für alle Gläubigen besiegt.

Für diejenigen, die Gottes Plan der Errettung durch Jesus Christus ablehnen, hält die Zukunft die Aussicht auf den Tod und eine Ewigkeit in der Hölle bereit.

Aber für diejenigen von uns, die an Jesus Christus glauben, gilt Gottes Versprechen, uns den ganzen Weg sicher zu unserer himmlischen Heimat zu führen.

Röm 6,23

Offb 20,15

 Lesen Sie Johannes 14,1-3

Jesus selbst hat einen Ort für uns bereitet, an dem wir die Ewigkeit verbringen werden.

- Wenn wir als Gläubige einen Regenbogen sehen, dann können wir uns daran erinnern, dass Gottes Verheißungen alle wahr sind.

2Tim 4,18

- Er wird nicht nur das Leben auf der Erde nie mehr durch eine Flut vernichten, er wird auch uns ewig in Jesus Christus geborgen bewahren.

 Lesen Sie Johannes 3,16

Alle Völker der Welt stammen von Noahs drei Söhnen ab.

Diejenigen von uns, die an Jesus Christus glauben, haben ein neues Erbe in ihm.

 Lesen Sie 1. Mose 9,18-19

Jeder Mensch auf Erden stammt von einem dieser drei Männer ab.

1Petr
1,18.23

Eph 2,19

Ps 61,6

1Jo 3,1

Aber diejenigen von uns, die an Jesus Christus glauben, haben ein völlig neues Familienerbe.

- Wir sind von Gott neu geboren worden.
- Wir sind jetzt seine geliebten Kinder.

 Lesen Sie Johannes 1,12-13

Die Menschen von Babel versuchten, einen Turm zu bauen, der bis zum Himmel reichen sollte.

Gott sandte Jesus Christus vom Himmel herab, um uns zu erreichen.

Auch nach der Flut gingen die meisten Menschen ihren eigenen Weg und weigerten sich, auf Gott zu hören.

Es gab immer einige wenige, die an Gott glaubten und ihm gehorchten, aber zum größten Teil taten die Menschen, was ihnen gefiel.

1Mo 9,1

Gott hatte den Nachkommen Noahs gesagt, dass sie sich auf der Erde ausbreiten sollten.

Stattdessen wollten sie einen großen Turm und eine Stadt für sich bauen.

 Lesen Sie 1. Mose 11,1-9

Bildvorschlag: Bild Nr. 12
„Der Turmbau zu Babel"

Sehen Sie, wie diese Menschen versuchten, sich selbst groß zu machen und sogar bis zum Himmel zu reichen.

Aber Gott, in seiner Souveränität und Macht, machte ihre Pläne zunichte.

- Er verwirrte ihre Sprache, sodass sie sich untereinander nicht verstehen konnten.

- Sie hatten sich geweigert, dem Herrn zu gehorchen, aber jetzt breiteten sie sich wegen des Sprachenproblems auf der ganzen Erde aus.

- Aufgrund des Turmbaus zu Babel gibt es heute auf der ganzen Welt Tausende von Sprachen.

Aber in seiner Gnade möchte Gott noch immer, dass alle Menschen überall ihn kennen.

Im Gegensatz zum Turmbau zu Babel, wo stolze Menschen gedacht hatten, sie könnten mit ihrem Turm Gott erreichen, **kam Jesus Christus vom Himmel herunter zu uns** und demütigte sich, um am Kreuz für unsere Sünden zu sterben. Er starb nicht nur für meine und für deine Sünden, sondern für die Sünden der ganzen Welt.

Der Herr kennt jeden einzelnen Menschen, überall.

- Und er hat Jesus Christus als Erretter für jeden gesandt, der glaubt.

- Er hat uns das Vorrecht gegeben, in die ganze Welt hinauszugehen und anderen Menschen von ihm zu erzählen.

- In dem Buch der Offenbarung erzählt Jesus Christus von der Zukunft, wenn Menschen aus jeder Sprache, aus jedem Stamm und jeder Nation ihn anbeten werden.

[!] Fazit

Gott hat versprochen, dass alle, die an Jesus glauben, Teil dieser großen Schar von Anbetern sein werden!

Wir sind nicht mehr ausgeschlossen, sondern eingeschlossen – für immer in Gottes Familie.

Er ist unser Vater und er liebt es, seine Kinder „Danke!" sagen zu hören.

Lassen Sie uns dem Herrn danken für die wunderbare Errettung, die er uns in Christus gegeben hat!

1Tim 2,3-6
2Petr 3,9
Joh 3,16

1Tim 4,10
Mt 28,18-20
Mk 16,15
Lk 24,47
Joh 20,21
Apg 1,8
2Kor 5,17-20
Offb 5,9-10

✎ Fragen

1. Kain und Abel und alle Nachkommen Adams und Evas – uns
   eingeschlossen – wurden außerhalb des Gartens Eden geboren.
   Was bedeutet es, außerhalb des
   Gartens geboren zu sein?

   _____

   _____

   _____

   _____

   _____

2. Wie verändert sich unsere Beziehung zu Gott, wenn wir unser
   Vertrauen auf Jesus Christus
   setzen?

   _____

   _____

   _____

   _____

3. Abel brachte Gott ein Lamm als
   Opfer. Warum brauchen wir Gott
   kein Lamm als Opfer zu bringen?

   _____

   _____

   _____

4. Kains Nachkommen gingen ihren
   eigenen Weg und nicht Gottes
   Weg. Aber was geschah, als Sets
   Sohn Enosch geboren wurde?

   _____

   _____

   _____

   _____

5. Wie rufen wir den Herrn an?

   _____

   _____

   _____

6. Warum kommen wir zu Gott im
   Namen Jesu?

   _____

   _____

   _____

7. Wie warnte Gott die Menschen
   vor der Flut, die er senden würde?

   _____

   _____

   _____

8. Hatte Noah es verdient, vor der
   Flut gerettet zu werden?

   _____

   _____

   _____

9. Verdient irgendjemand von uns
   Gottes Liebe oder Vergebung?

   _____

   _____

   _____

10. Gott gab Noah genaue Anwei-
    sungen, wie er die Arche bauen
    sollte. Inwiefern erinnert uns das
    an unsere Errettung durch Jesus
    Christus?

   _____

   _____

   _____

11. Die Arche hatte nur *eine* Tür. Inwiefern erinnert uns das an den Herrn Jesus Christus?

_____

_____

12. Als Noah, seine Familie und alle Tiere sicher in der Arche waren, schloss Gott die Tür. Inwiefern erinnert uns das an unsere Errettung durch Christus?

_____

_____

_____

13. Die Menschen von Babel versuchten, durch einen Turmbau den Himmel zu erreichen. Gott hat ihr selbstzentriertes Bemühen nicht angenommen. Was hat Gott getan, um einen Weg zum Himmel für uns zu schaffen?

_____

_____

_____

_____

Anmerkungen für Nachfolger

Anmerkungen für Nachfolger sind freiwillige Aktivitäten, die Sie den Kursteilnehmern für ihr persönliches geistliches Leben anbieten können. Sie sind nicht als Hausaufgaben gedacht, sondern als Angebot für diejenigen, die im Glauben wachsen möchten.

Ermutigen Sie die Teilnehmer, sich mit diesen Aufgaben zu beschäftigen, aber setzen Sie sie nicht unter Druck.

Wenn Sie am Ende der Lektion noch Zeit haben, bietet sich vielleicht die Möglichkeit, dass einige der Teilnehmer von ihren persönlichen Studien erzählen.

1. Lernen Sie Johannes 14,6 auswendig.

2. Schreiben Sie in Ihren eigenen Worten auf, was es für Sie bedeutet, sicher in Jesus Christus, Gottes Arche der Geborgenheit, „eingeschlossen" zu sein. Vergleichen Sie diesen Ort der Geborgenheit mit Ihrer ehemaligen Situation, als Sie aus Gottes Familie „ausgeschlossen" waren, bevor Sie an Jesus Christus geglaubt haben.

3. Suchen Sie ein Lied, das Ihre Dankbarkeit ausdrückt, in Gottes Familie geborgen zu sein. Vielleicht möchten Sie Ihr eigenes Lied als Dank und Lob an Gott dichten.

4. Lesen Sie weiter im Johannesevangelium. Machen Sie sich Notizen über die Eigenschaften Jesu Christi. Schauen Sie sich an, was er über sich selbst sagt, was er tut, wie er mit Menschen umgeht, wie sie ihm antworten und wie er ihnen antwortet. Achten Sie beim Lesen auf Verse, die seine Beziehung zu seinem himmlischen Vater zeigen.

Lektion 6

Gottes Bund mit Abraham – und uns

Bibelabschnitte: 1. Mose 12,1-5; 15,1-6; 16,1-3.16; 17,1-11.15-21; 21,1-5.9-13; 22,1-3.9-13

Lektionsziele

- zu zeigen, wie treu und gnädig Gott dem Abraham war und uns – in Christus – ist;
- den Unterschied aufzuzeigen zwischen Gottes geistlichen Verheißungen für Gläubige und seinen irdischen Verheißungen für die leiblichen Nachkommen Abrahams.

Diese Lektion soll den Kursteilnehmern helfen

- Gottes Treue zu sehen;
- ihre eigene Errettung mehr wertzuschätzen;
- zu begreifen, was Leben im Glauben bedeutet, nämlich: auf Gott zu warten, seinen Verheißungen zu glauben und ihm auch dann zu vertrauen, wenn wir noch nichts sehen.

⤢ Überblick

Diese Lektion soll deutlich machen, dass unsere Beziehung zu Gott auf Gottes Gnade durch den Glauben an den Herrn Jesus Christus gegründet ist, wie das durch Gottes Gnade gegenüber Abraham demonstriert wurde.

Ebenso dargestellt wird die Unterscheidung zwischen Gottes *geistlichen* Verheißungen für Abraham (über den kommenden Befreier) und Gottes *irdischen* Verheißungen für Abraham (über die Nation Israel).

Die Geschichte von Hagar und Ismael wird vorgestellt, da sie ein Schlüssel für das Verständnis des anhaltenden Konflikts zwischen Arabern und Juden ist. Die Kenntnis über den Hintergrund dieser Geschichte wird den Kursteilnehmern später auch helfen, den Brief an die Galater zu verstehen.

Zusatzinformationen für den Kursleiter

„Die Schrift hat vorausgesehen, dass Gott die nichtjüdischen Völker durch den Glauben gerecht sprechen würde, und verkündigte deshalb dem Abraham schon im Voraus die gute Botschaft: ‚Durch dich werden alle Völker gesegnet werden.‘ Folglich werden die, die auf den Glauben bauen, zusammen mit dem gläubigen Abraham gesegnet" (Gal 3,8-9).

In Habakuk 2,4 steht: *„... der Gerechte lebt durch seinen Glauben."*

In Römer 1,17 wird uns nochmals gesagt: *„Denn im Evangelium zeigt Gott uns seine Gerechtigkeit, eine Gerechtigkeit, die aus dem Vertrauen auf Gott kommt und zum Glauben hinführt, wie es in der Schrift steht: ‚Der Gerechte wird leben, weil er glaubt.‘"*

In Hebräer 11,6 wird uns ganz deutlich gesagt: *„Aber ohne Glauben ist es unmöglich, Gott zu gefallen. Wer zu Gott kommen will, muss glauben, dass es ihn gibt und dass er die belohnt, die ihn aufrichtig suchen."*

Von der Zeit Abrahams bis zur Zeit Christi sind 2000 Jahre vergangen. Seit Jesus Christus auf die Erde kam, sind nochmals 2000 Jahre vergangen. Aber die Botschaft ist gleich geblieben: Gott ist es wert, dass wir ihm vertrauen, und er hat uns in Jesus Christus alles gegeben. Nur durch den Glauben an ihn haben wir alles, was wir für unser Leben hier und für alle Ewigkeit brauchen.

Anschauungsmaterial

- Bild Nr. 18: „Abraham opfert Isaak"
- Bild Nr. 87: „Die Kreuzigung"
- Landkarte 1

Lektionsentwurf

Wiederholung der Fragen aus Lektion 5.

🚪 Einleitung

Die Geschichte des Menschen ist eine Geschichte der Rebellion gegen Gott.

1Mo 6-8   - Die Menschen zur Zeit Noahs waren so rebellisch, dass Gott eine Flut sandte und alle außer Noah und seine Familie umkommen ließ.

   - Nach der Flut waren die Menschen immer noch in Rebellion gegen Gott.

1Mo 11,1-9   - Gott verwirrte die Sprache der stolzen Turmbauer zu Babel, sodass sie sich auf der ganzen Erde zerstreuten.

   - Bis zum heutigen Tag befindet sich die Mehrheit der Menschen immer noch in Rebellion gegen Gott.

Über die Jahrhunderte hinweg hat Gott aber das Leben von Menschen aufgezeichnet, die an Gott geglaubt haben, obwohl sie Sünder waren.

   - Durch diese Gläubigen hat Gott große Dinge vollbracht.

   - Im Stammbaum von Gottes verheißenem Befreier befinden sich einige dieser Personen.

Abraham war solch ein Mann.

Er wuchs in einer götzendienerischen Kultur in der Nähe von Babel auf, in der Stadt Ur in Chaldäa.

Zeigen Sie Ur auf der Landkarte 1

1Mo 11,26-30   Gott rief Abraham zu einer Zeit, in der Menschen Götzen anbeteten und sich von dem lebendigen und wahren Gott abwandten.

   - Abrahams eigener Vater war ein Götzendiener.

Jos 24,2   - Gott sagte Abraham, dass er sein Heimatland verlassen und an einen Ort ziehen sollte, den er ihm zeigen würde.

Dann gab Gott Abraham einige der erstaunlichsten Verheißungen in der Schrift.

Gott gab Abraham Verheißungen.
Jesus Christus ist die Erfüllung dieser Verheißungen.

 Lesen Sie 1. Mose 12,1-3

Diese Verheißungen waren an sich schon erstaunlich.

Aber erinnern Sie sich, warum sie für Abraham und seine Frau Sara noch viel bemerkenswerter waren?

Ja, obwohl sie keine Kinder hatten, sprach Gott von ihren Nachkommen.

Gott gab die folgenden Verheißungen:

   - Abraham zu einer großen Nation zu machen, ihn zu segnen, seinen Namen groß zu machen und ihn zum Segen für andere zu setzen.

   - Diejenigen zu segnen, die Abraham Hilfe leisteten, aber diejenigen zu verfluchen, die ihn schlecht behandelten.

Joh 3,16   - Und - am allerwichtigsten - alle Familien der Erde durch Abraham zu segnen.

Apg 4,12   Diese große Verheißung, alle Familien der Erde zu segnen, wurde in Jesus Christus erfüllt.

Gal 3,8-9
Eph 1,3   - Durch Jesus Christus und seinen Tod am Kreuz hat Gott einen Weg für alle Menschen überall geschaffen, dass ihre Sünden vergeben werden und sie Teil der Familie Gottes werden können.

2Petr 1,3-8   - Auf diese Weise erfüllte Gott seine Verheißung für Abraham, alle Völker der Erde zu segnen, Sie und mich einbezogen.

- Diejenigen von uns, die an Jesus Christus glauben, haben alle geistlichen Segnungen Gottes bekommen.
- In Christus hat Gott Vorsorge für jedes geistliche Bedürfnis hier auf der Erde und für alle Ewigkeit getroffen.

Bei unserem weiteren Studium des Wortes Gottes werden wir mehr und mehr von den geistlichen Segnungen sehen, die Gott uns in Christus gegeben hat.

Abraham glaubte und gehorchte Gott.
Unser Leben in Christus ist ein Leben des Glaubens und des Gehorsams Gott gegenüber.

 Lesen Sie 1. Mose 12,4-5

Gottes Anweisungen waren klar, das Ziel aber war Abraham unbekannt.

Hebr 11,8

Dennoch machte Abraham sich auf, weil er Gott vertraute.

So ist es auch mit uns – wir gehorchen Gott, weil wir an Christus glauben.

- Durch unseren Glauben an Jesus Christus und an seinen Tod für uns am Kreuz sind wir errettet.
- Durch den Glauben leben wir unser Leben hier auf der Erde.

Gott leitet uns durch sein Wort.

- Weil wir Gott glauben, möchten wir seinem Wort gehorchen.
- Wir können weder Gott noch den Himmel sehen.
- Aber in Christus haben wir die Kraft, durch den Glauben zu leben.

1Kor 15,1-4

Gal 2,20

2Tim 3,16-17

Hebr 11,1-2

Gott ist vertrauenswürdig und wird uns jeden Schritt des Weges führen, genauso wie er Abraham geführt hat.

Hebr 13,5-6

Gott rechnete Abrahams Glauben als Gerechtigkeit an.
Gott hat auch uns als gerecht betrachtet, als wir an Jesus Christus geglaubt haben.

Obwohl viele Jahre vergangen waren, seit Gott Abraham das erste Mal Nachkommen versprochen hatte, hatte Abraham noch immer keinen Sohn.

Abraham fing an, sich zu fragen, wie und wann der verheißene Sohn geboren würde.

- Abraham wusste, dass nach den Bräuchen seines Volkes sein Diener Eliëser sein rechtmäßiger Erbe würde, wenn er keinen eigenen Sohn hätte.
- Abraham wollte nicht, dass das passierte.
- Er wollte einen eigenen Sohn als Erben haben.

Gott kannte Abrahams Sorgen und sprach mit ihm, um ihm seine Verheißung erneut zuzusichern.

 Lesen Sie 1. Mose 15,1-6

Gott erinnerte Abraham an seine Verheißung, und Abraham glaubte Gott.

Abraham glaubte, dass Gott den Befreier durch seine Nachkommen senden würde.

Sehen Sie sich Vers 6 an: *„Abram glaubte Jahwe, und das rechnete er ihm als Gerechtigkeit an."*

Röm 3,21-24

Genauso ist es auch, wenn wir an Jesus Christus glauben: Gott betrachtet uns als gerecht.

2Kor 5,21

Röm 4

- Durch den Glauben an Jesus Christus sind wir von Gott angenommen, genauso wie Abraham es war.

- Gott betrachtet Abraham und uns als gerecht, weil wir ihm geglaubt haben.

Wie Abraham können auch wir jetzt nicht alles sehen.

Aber was Gott gefällt, ist der Glaube.

Hebr
11,1-3.6

Nachdem Jesus vom Tod auferstanden war, erschien er seinen Jüngern und sagte zu Thomas: *„Du glaubst, weil du mich gesehen hast. Glücklich zu nennen sind die, die mich nicht sehen und trotzdem glauben"* (Joh 20,29).

In diesem Vers redet Gott von uns!

Wir sind glücklich zu nennen, weil wir an Jesus glauben, obwohl wir ihn nicht gesehen haben.

Bedenken Sie

Obwohl wir die Schwerkraft nicht sehen können, sehen wir ihre Auswirkungen: Versuchen Sie einmal hochzuspringen, ohne wieder runterzukommen!

So hat auch Gott Abraham und uns Dinge versprochen, die wir nicht sehen können und die im Glauben angenommen werden müssen.

Gottes Verheißungen sind in Jesus Christus erfüllt. Wir wissen, dass er für uns starb, begraben wurde und wieder auferstand. Vielleicht sehen wir uns selbst nicht so an, als ob wir die Gerechtigkeit Jesu Christi hätten, aber genau das sagt Gott über uns alle aus, die wir an ihn glauben.

In 2. Korinther 5,21 sagt die Bibel uns: „Er hat den, der ohne Sünde war, für uns zur Sünde gemacht, damit wir durch ihn die Gerechtigkeit bekommen, mit der wir vor Gott bestehen können."

Diese Verheißung Gottes, dass wir aufgrund unseres Glaubens an Jesus Christus in seinen Augen gerecht sind, ist noch größer als das Gesetz der Schwerkraft.

Wenn wir Gott weiter vertrauen, belohnt er unseren Glauben. Und die Gerechtigkeit, die er uns in Christus gegeben hat, wird mehr und mehr zu einer erkennbaren Wirklichkeit in unserem täglichen Leben, durch das Wirken des Heiligen Geistes in uns und durch uns.

Abraham und Sara hatten durch Hagar einen Sohn – Ismael.
Gott nannte erneut seine Pläne und versprach irdische Segnungen für die Nachkommen Abrahams.

Gottes Verheißung war sehr klar.

Aber Sara wurde immer älter und entschied, selbst einzugreifen.

Abraham stimmte ihrer Idee zu.

 Lesen Sie 1. Mose 16,1-3.16

Das war nicht Gottes Plan!

- Ismael war nicht das Kind, das Gott versprochen hatte.

- Gott hatte eigentlich etwas Besseres vor.

Dreizehn Jahre später, als Abraham 99 Jahre alt war, kam Gott und sprach wieder mit ihm.

Aber dieses Mal gab Gott ihm andere Verheißungen.

 Lesen Sie 1. Mose 17,1-8

Die vorherigen Verheißungen waren geistliche Segnungen, aber diese Verheißungen waren irdische Segnungen.

- Diese Verheißung galt den irdischen Nachkommen Abrahams, die durch den verheißenen Sohn kommen würden.

- Das sind die Menschen, aus denen die Nation Israel entstehen sollte.

- Die Verheißung, ein Land zu bekommen, galt den Israeliten, nicht den an Jesus Christus Gläubigen.

 Bedenken Sie

Wenn wir die Bibel lesen, ist es wichtig, den ganzen Kontext von dem zu verstehen, was wir lesen. An wen ist die Botschaft geschrieben? Gilt sie für eine bestimmte Zeit oder für eine bestimmte Personengruppe?[1]

[1] Nicht alle Bibellehrer sind sich über die Anwendung der Verheißungen Gottes für Israel einig. In diesen Lektionen lehren wir, was die Bibel wörtlich in Bezug auf Israel sagt.

Gott befahl Abraham, dass alle seine irdischen Nachkommen ein Merkmal an ihrem Körper haben sollten.

 Lesen Sie 1. Mose 17,9-11

Dieses Merkmal war – wie bereits erwähnt – für die irdischen Nachkommen Abrahams.

 Bedenken Sie

Gott gab die Verheißung der Gerechtigkeit durch den Glauben, bevor er die Beschneidung anordnete. Vergessen Sie nicht: Unsere Gerechtigkeit wird durch den Glauben angerechnet, nicht durch irgendwelche Werke, die wir selbst vollbringen.

Eph 2,8-9

Durch den Glauben sind wir die geistlichen Nachkommen Abrahams.

Wenn wir uns an diese Unterscheidung halten, werden wir viel Verwirrung beim Lesen der Bibel vermeiden können.

 Bedenken Sie

Gott, in seiner Gnade, bietet sowohl jedem Israeliten als auch jedem anderen Menschen, der an Jesus Christus glaubt, dieselben geistlichen Verheißungen an. Die Errettung wird allen angeboten, die an ihn glauben.

Joh 3,16

Röm 1,16-17

1Tim 2,3

Gott wiederholte sein Versprechen, Abraham durch Sara einen Sohn zu geben. Er erfüllte es, indem er ihnen Isaak auf wunderbare Weise schenkte.

Auch wir sind auf wunderbare Weise durch Jesus Christus geistlich neu geboren worden.

Gott machte es jetzt ganz klar, dass er Abraham ein Kind durch Sara geben würde.

Für Gott ist nichts unmöglich!

Jer 32,27

 Lesen Sie 1. Mose 17,15-17

Abraham liebte seinen Sohn Ismael und bat Gott, auch ihn zu segnen.

 Lesen Sie 1. Mose 17,18

- Gott versprach, Ismael zu segnen.

- Aber Gottes geistliche Verheißung eines Befreiers würde nicht durch dieses natürliche Kind Abrahams erfüllt.

Diese Verheißung sollte durch Saras Sohn kommen, der nicht durch menschlichen Willen, sondern gemäß der Verheißung Gottes geboren wurde.

Gal 3,6-9. 14.16.23-29

 Lesen Sie 1. Mose 17,19-21

Als die Zeit gekommen war, schenkte Gott Abraham und Sara ihren verheißenen Sohn.

 Lesen Sie 1. Mose 21,1-5

Abraham war 100 Jahre, Sara 90 Jahre alt.

Es war unmöglich für sie, dieses Kind durch ihr eigenes Bemühen zu bekommen.

Tit 3,4-5 Genauso ist es auch mit unserer neuen Geburt in Christus: Sie ist nicht das Ergebnis unseres eigenen Bemühens, sondern eine Gabe aus Gottes Gnade.

 Lesen Sie Johannes 1,12-13

Gott lehnte Hagar und Ismael ab – der Befreier sollte durch Isaak kommen, den Sohn der Verheißung.

Wir erben Gottes Verheißungen durch Jesus Christus, Gottes Befreier für die Menschheit.

Hagar und Ismael lebten noch bei Abraham und Sara, als Isaak geboren wurde.

Bald gab es Ärger zwischen Ismael und Isaak, und Gott sagte Abraham, dass er Hagar und Ismael fortschicken sollte.

 Lesen Sie 1. Mose 21,8-13

Obwohl Gott Ismael viele Segnungen gab, kamen die geistlichen Segnungen durch Isaak.

- Isaak war der Sohn, der durch die Verheißung Gottes gegeben wurde.
- Durch Isaaks Nachkommen würde Gott den Befreier senden.

 Bedenken Sie

Die arabischen Völker sind die Nachkommen Ismaels, die Juden die Nachkommen Isaaks. Bis heute kämpfen die Nachkommen Isaaks und Ismaels gegeneinander.

Apg
10,34-43

Aber Gott, in seiner Gnade, empfängt die Nachkommen Ismaels genauso wie die Nachkommen Isaaks, wenn sie durch den Glauben an Jesus Christus, den einzigen Befreier, zu ihm kommen.

Gott besorgte einen Schafbock, damit der Isaaks Stelle einnehme.

Gott gab uns Jesus Christus, damit er an unserer Stelle starb.

Überlegen Sie einmal, wie sehr Abraham Isaak geliebt haben muss.

- Isaak war der Sohn, der durch Gottes Verheißung gegeben wurde.
- Die Verheißungen, die Gott Abraham gegeben hatte, sollten durch Isaak erfüllt werden.

Aber Gott ließ Abraham diese unvorstellbare Glaubensprüfung durchmachen.

 Lesen Sie 1. Mose 22,1-3

Abraham war einfach gehorsam und vertraute darauf, dass Gott seinen Sohn sogar wieder lebendig machen könnte.

Hebr
11,17-19

Bildvorschlag: Bild Nr. 18
„Abraham opfert Isaak"

 Lesen Sie 1. Mose 22,9

Isaak war auf dem Altar gebunden und kurz davor zu sterben.

Aber Gott griff ein.

Lesen Sie 1. Mose 22,10-13

Was für ein Bild unserer eigenen Hilflosigkeit vor Gott!

- Bevor wir an Jesus Christus als unseren Erretter geglaubt haben, waren auch wir hilflos und zum Sterben verurteilt.

- Wir alle hatten Gottes Gesetze übertreten. Es gab nichts, das wir hätten tun können, um uns selbst zu erretten.

- Aber Gott sandte seinen Sohn, Jesus Christus, damit er an unserer Stelle starb.

Röm 3,19-24

Der Schafbock, den Gott als Ersatz für Isaak bereitgestellt hatte, war ein annehmbares Opfer für Gott.

- Der Bock war weder verwundet noch krank.

- Aber obwohl der Bock Isaaks Stelle einnahm, konnte er nicht für Sünden bezahlen.

Hebr 9,22

Jesus Christus war das vollkommene Opfer.

Hebr 7,26-27

- Er war ohne Sünde.

Joh 1,29

- Er war das vollkommene Lamm Gottes.

1Petr 1,18-19

- Obwohl er nie gesündigt hatte, nahm er unsere Sünden willig auf sich.

Bildvorschlag: Bild Nr. 87
„Die Kreuzigung"

⚠ Fazit

Können Sie sich die Erleichterung und Dankbarkeit vorstellen, die Abraham und Isaak verspürt haben?

Wie viel mehr sollten wir Gott für unseren Befreier Jesus Christus danken!

Lassen Sie uns jetzt etwas Zeit nehmen, um Gott für unsere Errettung in Jesus Christus zu danken.

✍ Fragen

1. Warum nahm Gott Abraham als gerecht an?

_____

_____

2. Warum nimmt Gott uns als gerecht an, obwohl wir Sünder sind?

_____

_____

3. Gott gab Abraham sowohl geistliche als auch irdische Verheißungen. Welche dieser Verheißungen treffen auf uns zu?

_____

_____

_____

4. Was tat Sara, als Gottes Verheißung nicht sofort eintrat, dass Abraham und sie einen Sohn haben würden?

_____

_____

_____

5. Gott gab Abraham eine irdische Verheißung über das Land Israel. Haben wir als Christen Anteil an dieser Verheißung?

_____

_____

_____

6. Was war das körperliche Zeichen des Bundes von Gott mit Abraham und all dessen irdischen Nachkommen?

_____

_____

_____

7. Wessen Sohn hatte Gott als Erfüllung seiner Verheißungen über den Befreier bestimmt?

_____

_____

8. Inwiefern erinnert uns Abrahams Opfergang an unsere Errettung durch Jesus Christus?

_____

_____

9. Wer kann an den geistlichen Verheißungen teilhaben, die durch den Befreier Jesus Christus angeboten werden?

_____

_____

Anmerkungen für Nachfolger

Anmerkungen für Nachfolger sind freiwillige Aktivitäten, die Sie den Kursteilnehmern für ihr persönliches geistliches Leben anbieten können. Sie sind nicht als Hausaufgaben gedacht, sondern als Angebot für diejenigen, die im Glauben wachsen möchten.

Ermutigen Sie die Teilnehmer, sich mit diesen Aufgaben zu beschäftigen, aber setzen Sie sie nicht unter Druck.

Wenn Sie am Ende der Lektion noch Zeit haben, bietet sich vielleicht die Möglichkeit, dass einige der Teilnehmer von ihren persönlichen Studien erzählen.

1. Lernen Sie Johannes 6,29 auswendig. Denken Sie über diesen Vers nach. Bitten Sie den Herrn, Sie zu lehren und zu befähigen, diese Wahrheit in Ihrem eigenen Leben auszuleben.

2. Als Christen haben wir vieles, worüber wir uns freuen können. Führen Sie Ihr Lobpreis-Tagebuch weiter. Schreiben Sie konkrete Segnungen auf, die Sie durch Jesu Opfertod am Kreuz bekommen haben.

3. Lesen Sie weiter im Johannesevangelium.

Christus im Alten Testament I.

Bibelabschnitte: 1. Mose 28,10-15; 37,4-5.27-28; 41,38-43.55-57;
2. Mose 1,6-14; 2,1-15; 3,9-10.13-14

Lektionsziele

- zu zeigen, dass Jesus Christus die Schriften erfüllt hat, die über ihn geschrieben wurden;
- zu zeigen, dass Jesus der einzige Weg zu Gott ist;
- einige Aspekte im Leben Josefs und Moses hervorzuheben, die auf das Leben Jesu Christi vorausblicken;
- zu zeigen, dass Jesus Christus der „Ich-bin" ist.

Diese Lektion soll den Kursteilnehmern helfen

- Gottes Wort mehr wertzuschätzen;
- mehr Vertrauen in ihre Errettung in Christus zu haben;
- ihre Liebe für den Herrn Jesus tiefer wachsen zu lassen.

⚟ Überblick

Diese Lektion konzentriert sich auf die alttestamentlichen Parallelen zum Leben Jesu Christi.

Es werden Parallelen zwischen Josef und Christus sowie zwischen Mose und Christus aufgezeigt. [1]

Ebenso dargestellt wird Jakobs Traum von der Himmelsleiter – ein Bild von Jesus Christus.

In jeder Parallele werden Gottes Souveränität und die großartige Errettung durch Jesus Christus hervorgehoben.

[1] Sowohl Josefs als auch Moses Leben werden sehr kurz in dieser Lektion behandelt, da der Schwerpunkt der Lektion auf den Details liegt, die Parallelen zum Leben Christi sind.

Zusatzinformationen für den Kursleiter

1. Petrus 1,10-12 ist eine sehr interessante Stelle: *„Nach dieser Rettung suchten und forschten schon die Propheten, die angekündigt haben, welches Gnadengeschenk für euch bestimmt ist. Sie forschten danach, auf welche Zeit und welche Umstände der Geist von Christus, der schon in ihnen wirkte, hinwies. Er zeigte ihnen nämlich im Voraus die Leiden, die über Christus kommen und die Herrlichkeiten, die danach folgen würden. Gott ließ sie erkennen, dass sie nicht sich selbst, sondern euch dienten. Euch ist das alles jetzt von denen verkündigt worden, die euch mit der guten Botschaft vertraut gemacht haben. Sie taten das in der Kraft des Heiligen Geistes, den Gott vom Himmel gesandt hat. Selbst Engel brennen darauf, Einblick in diese Dinge zu bekommen.“*

Jesus Christus selbst gab den Propheten Vorauswissen über unsere Errettung! Es war, als ob er die Umrisse des Plans auf der „Leinwand“ des Alten Testaments skizzierte: an verschiedenen Stellen entweder einen allgemeinen Hintergrund, ein Hauptelement oder eines von vielen winzigen Details, die dann später in lebendiger Farbe durch sein eigenes Leben auf der Erde ausgemalt werden würden.

Die Einheit der Bibel und die Genauigkeit dieser alttestamentlichen Bilder von Christus sind einige der bedeutenden Nachweise der Wahrheit des Wortes Gottes. Kein anderes Buch hat solch eine absolute historische Genauigkeit und vollständige Erfüllung jeder Prophezeiung – in Gottes perfektem Zeitplan. Einige der Prophezeiungen müssen noch erfüllt werden. Wir wissen, dass sie das werden, weil Gott bisher jedes Versprechen gehalten hat.

Jesus Christus wird wiederkommen. Das sagt uns die Bibel, und so wird es sein! Es ist jetzt die Zeit, anderen von der Errettung in Christus zu erzählen. Es ist jetzt die Zeit, ihm hier auf dieser Erde zu dienen, bevor er uns nach Hause in den Himmel ruft.

Mögen wir jedes Mal, wenn wir sein Wort durchlesen, es reicher und herrlicher finden. Wenn wir neue Erkenntnisse über Gottes gewaltige Gnade entdecken, die in Jesus Christus vollkommen offenbart ist!

Anschauungsmaterial

- Bild Nr. 20: „Jakobs Traum“
- Bild Nr. 21: „Josef wird in die Sklaverei verkauft“
- Bild Nr. 23: „Israel in ägyptischer Sklaverei“
- Bild Nr. 24: „Mose wird als Kind gerettet“
- Bild Nr. 25: „Der brennende Dornbusch“
- Bild Nr. 58: „Die Flucht nach Ägypten“
- Bild Nr. 87: „Die Kreuzigung“

Lektionsentwurf

Wiederholung der Fragen aus Lektion 6.

⇥ Einleitung

Viele Geschichten des Alten Testaments erinnern uns an das Leben Jesu Christi.

Heute werden wir einige dieser wahren Geschichten betrachten, die tatsächlich Bilder des Befreiers sind, den Gott senden sollte.

Gott ist souverän.

- In seiner großen Weisheit ließ er diese Ereignisse geschehen.
- Dies geschah nicht durch Zufall.

Sie sind Teil von Gottes Rettungsplan, den er entfaltet. Er gipfelt darin, dass Gott Jesus Christus sandte, um für unsere Sünden zu sterben.

Jesus selbst bezog sich auf einige dieser Stellen, als er mit verschiedenen Menschen über seine Absicht und seinen Dienst sprach.

Diese wahren Geschichten sind erstaunlich!

Die erste Geschichte, die wir betrachten werden, ereignete sich im Leben Jakobs, dem Enkel Abrahams.

Jakob sah eine Leiter, die bis zum Himmel reichte.

Jesus Christus ist der Weg zum Himmel, der einzige Mittler zwischen Gott und den Menschen.

1Mo 25,21-26 — Isaak war Abrahams Sohn, der als die Erfüllung der Verheißung Gottes gegeben wurde.

Isaak hatte Zwillingssöhne: Jakob und Esau.

1Mo 25,31-34 — Esau legte keinen Wert auf die Verheißungen Gottes, aber Jakob schon.

1Mo 27,41 — Es gab Ärger zwischen den beiden Brüdern, und Jakob musste fliehen.

Als Jakob unterwegs ausruhte, hatte er einen Traum.

Bildvorschlag: Bild Nr. 20
„Jakobs Traum"

✝ Lesen Sie 1. Mose 28,10-13

Auf der Leiter, die von der Erde bis zum Himmel reichte, gingen Engel auf und ab.

Joh 1,51 — Was bedeutete dieser Traum?

Eph 2,14-22

- Gott gab den Traum, um zu zeigen, dass er den Befreier senden würde, der ein Nachkomme Jakobs sein sollte.

Jes 59,1-2

1Tim 2,5-6

- Dieser Befreier würde wie die Leiter sein und eine Verbindung zwischen Himmel und Erde schaffen.

- Durch den Befreier würden diejenigen, die glauben, mit Gott wieder eins sein.

Die Sünde trennt den Menschen von Gott.

- Sie ist wie eine große Kluft zwischen allen Menschen und Gott.

- Durch sein Sterben für die Sünde hat der Herr Jesus die große Kluft zwischen uns und Gott überbrückt.

Bildvorschlag: Bild Nr. 87
„Die Kreuzigung"

Zu Anfang seines Dienstes auf der Erde sprach Jesus über diese Leiter und sagte, dass sie sein Leben repräsentierte.

✝ Lesen Sie Johannes 1,51

- Jesus ist der Mittler, die Brücke und die Leiter zwischen dem sündigen Menschen und Gott.

- Durch Jesu Blut und Tod wurde unsere Sünde von uns weggenommen.

- Wir sind nicht mehr von Gott getrennt.

Kol 1,20-22

Gott gab Jakob erneut die Verheißungen, die er zuvor seinem Großvater Abraham gegeben hatte.

✝ Lesen Sie 1. Mose 28,13-15

Als die richtige Zeit dann gekommen war, ließ Gott Jakob zurück in das Land Kanaan ziehen.

1Mo 35,23-27

Gott segnete ihn mit zwölf Söhnen.

1Mo 32,29

Aus Jakobs Söhnen entstand die große Nation Israel.

1Mo 46,26-27

- *Israel* war der neue Name, den Gott Jakob gab.

2Mo 1,1-7

- Gott erfüllte Schritt für Schritt seine Verheißungen:

    einen Befreier durch Abrahams Familie zu senden,

    Abrahams Nachkommen in ihrem irdischen Leben reichlich zu segnen.

Das Leben Josefs hatte viele Ähnlichkeiten mit dem Leben Jesu Christi.

1. **Josef wurde von seinem Vater geliebt.**

    1. Mose 37,3 sagt uns, dass Jakob Josef mehr liebte als seine übrigen Kinder, weil er Josef im hohen Alter bekommen hatte.

    Der Herr Jesus wurde von seinem Vater geliebt.

    Als Jesus getauft wurde, sprach Gott vom Himmel.

✝ Lesen Sie Matthäus 3,17

    Gott, der Vater, liebte Gott, den Sohn, sogar bevor er auf diese Welt kam, um unser Erretter zu werden.

Joh 17,23-24

Joh 1,12-13

💭 Bedenken Sie

Wir sind zu Gottes eigenen Kindern geworden. Wie sehr liebt er uns? Genauso sehr wie er seinen Sohn Jesus Christus liebt. Und das hat er uns erwiesen, indem er seinen Sohn sandte, um an unserer Stelle zu sterben.

✝ Lesen Sie Johannes 3,16

2. **Josef wurde von seinen Brüdern verschmäht.**

    ### ✝ Lesen Sie 1. Mose 37,4-5

    Jesus kam zu seinem eigenen jüdischen Volk, aber es verschmähte ihn.

    Mt 27,18 Die jüdischen Führer waren eifersüchtig auf Jesus und wollten ihn töten.

3. **Josefs Brüder verkauften ihn als Sklave nach Ägypten.**

    Josefs Brüder waren so eifersüchtig auf ihn, dass sie sogar in Erwägung zogen, ihn zu töten. Aber stattdessen verkauften sie ihn als Sklave.

Bildvorschlag: Bild Nr. 21 „Josef wird in die Sklaverei verkauft"

✝ Lesen Sie 1. Mose 37,27-28

1Mo 39,1.11-23

Josef wurde nach Ägypten gebracht.

Dort kam er ins Gefängnis, weil die Frau seines Herrn ihn verleumdete.

- Aber Gott vergaß ihn nicht.

- Gott hatte einen Plan für Josefs Leben.

Jesus wurde von einem seiner Jünger verkauft.

Mt 26,14-15

Judas Iskariot verkaufte Jesus an seine Feinde für dreißig Silberstücke – den Preis eines Sklaven.

4. **Gott erhöhte Josef in eine ehrenvolle und mächtige Position.**

    1Mo 41,16-36.40-46

    Gott ermöglichte es Josef, die Träume des Pharao zu deuten.

    Deshalb setzte Pharao Josef als Herrscher über ganz Ägypten ein.

    ### ✝ Lesen Sie 1. Mose 41,38-43

    Gott gab Josef, einem Israeliten, große Weisheit, um in dem fremden, gottlosen Land Ägypten zu herrschen.

    Gott erhöhte den Herrn Jesus in eine höchst ehrenvolle und mächtige Position.

    Jesu Leid war noch viel größer als das von Josef.

    Jes 52,14
    1Petr 2,21-24

    Unser Herr wurde an ein Kreuz genagelt, die grausamste Form der Hinrichtung, die jemals ausgedacht wurde.

    Seine Feinde dachten zwar, dies sei sein Ende, aber der Sohn Gottes hat dort gelitten, um das große Werk unserer Errettung zu vollbringen.

Jesus starb zu Unrecht für unsere Sünden; der Gerechte starb für die Ungerechten. 2Kor 5,21

Gott weckte ihn vom Tod auf und gab ihm alle Autorität im Himmel und auf Erden! 1Petr 3,18

✝ **Lesen Sie Matthäus 28,18**

5. **Josef wurde von seinem eigenen Volk verschmäht, von den Ägyptern aber angenommen.**

Obwohl Josefs eigene Brüder ihn hassten und verachteten, nahmen die Ägypter ihn als ihren Herrscher und Retter vor der Hungersnot an.

Jesus wurde von Israel verschmäht, von den Heiden aber angenommen.

Wie Josef wurde Jesus von seinem eigenen Volk verschmäht.

Aber Jesus wurde zum Erretter für Menschen auf der ganzen Welt. Apg 4,12

✝ **Lesen Sie Johannes 10,14-16**

Das Volk Israel war die Herde Gottes, sein erwähltes Volk.

- Aber Jesus kam nicht nur für sie, sondern für die ganze Welt.

- Jeder von uns, der an ihn glaubt, ist auch Teil seines Volkes geworden. 1Jo 2,2

- Viele Juden haben auch an Jesus Christus als ihren Messias geglaubt. Eph 2,11-12

6. **Gott ermöglichte es Josef, die Menschen mit Getreide zu versorgen.**

✝ **Lesen Sie 1. Mose 41,55-57**

Durch Josef hat Gott die Menschen während der siebenjährigen Hungersnot versorgt.

Gott gab uns ewiges Leben durch Jesus Christus.

Jesus gibt uns nicht nur für das irdische Leben alles, was wir brauchen, sondern er hat sich darum gekümmert, dass wir auch in alle Ewigkeit bestens versorgt sind.

✝ **Lesen Sie Johannes 6,27-29.33-35**

Nachdem Josefs Generation gestorben war, unterdrückte ein neuer ägyptischer Herrscher die Israeliten.

Alle Söhne Jakobs zogen schließlich nach Ägypten, um der Hungersnot zu entfliehen. 1Mo 46,7 1Mo 15,13 2Mo 12,40-41

Nach etwa 400 Jahren und vielen Veränderungen in der Herrschaft Ägyptens kam ein sehr böser Pharao an die Macht, der die Israeliten unterdrückte.

Bildvorschlag: Bild Nr. 23
„Israel in ägyptischer Sklaverei"

✝ **Lesen Sie 2. Mose 1,6-14**

Dieser Pharao machte die Israeliten zu Sklaven.

Er versuchte sogar, alle männlichen Neugeborenen der Israeliten zu töten. 2Mo 1,16.22

Aber Gott erweckte einen Befreier für sein Volk.

Moses Leben hatte viele Ähnlichkeiten mit dem Leben Jesu Christi.

1. **Gott bewahrte Mose als Kind.**

   Gott sah den schrecklichen Zustand der Israeliten.

   Er dachte an seine Verheißungen für Abraham, Isaak und Jakob.

   Gott erwählte Mose, um die Israeliten zu befreien.

Bildvorschlag: Bild Nr. 24 „Mose wird als Kind gerettet"

📖 **Lesen Sie 2. Mose 2,1-10**

   Gott bewahrte Jesus als Kind.

Mt 2,16   Satan lenkte König Herodes dazu, das Kind Jesus töten zu wollen. [2]

   Aber Gott griff ein.

[2] Obwohl Satan nicht direkt erwähnt wird, steht er offensichtlich hinter den bösen Vorhaben. Siehe Johannes 8,44; Epheser 2,2; 6,12.

Bildvorschlag: Bild Nr. 58 „Die Flucht nach Ägypten"

📖 **Lesen Sie Matthäus 2,13-14**

   Gott ist allmächtig. Er ist größer als Satan und alle seine Machenschaften.

2. **Mose wurde von seinem eigenen Volk verschmäht.**

Lk 12,4-5

Röm 8,31-39

   Obwohl Mose von Gott erwählt wurde, der Befreier Israels zu sein, verschmähten die Israeliten seine ersten Bemühungen, ihnen zu helfen.

Eph 6,10-18   📖 **Lesen Sie 2. Mose 2,11-15**

Offb 1,18; 20,10   Dies war Moses Versuch, dem Volk zu helfen. Er scheiterte allerdings, weil er weder nach Gottes Plan noch zu seiner Zeit ausgeführt wurde.

   Jesus wurde auch von seinem eigenen Volk verschmäht.

Joh 8,28-29   Jesus Christus kam nach Gottes Plan und zu Gottes Zeit und tat viele Arten von Wundern unter den Menschen.

   - Aber die jüdischen Führer lehnten ihn trotzdem ab.

   - Sie weigerten sich, zu glauben, dass er der von Gott gesandte Befreier war.

   Jesus machte Lazarus wieder lebendig, indem er ihn aus seinem Grab rief, nachdem der schon vier Tage lang tot gewesen war.

   Sogar nach diesem großen Wunder weigerten sich die jüdischen Führer immer noch, zu glauben!

📖 Lesen Sie Johannes 11,47-48.53

Obwohl Jesus deutlich gezeigt hatte, dass er Gott war, planten die Führer, ihn zu töten.

3. **Mose wurde von Gott gesandt, um Israel aus der Sklaverei zu führen.**

Mose verbrachte 40 Jahre als Hirte in der Wüste von Midian.

Dann sprach Gott aus einem brennenden Dornbusch zu ihm und sagte, dass er zurück nach Ägypten gehen solle.

2Mo 2,15-3,10

Apg 7,30

Bildvorschlag: Bild Nr. 25 „Der brennende Dornbusch"

📖 Lesen Sie 2. Mose 3,9-10

Jesus Christus wurde von Gott berufen, die Menschheit von der Sklaverei der Sünde und von Satan zu befreien.

Die Nation Israel verschmähte den Herrn Jesus.

Aber Gott berief ihn als einzigen Erretter der ganzen Welt.

Wir haben den Herrn Jesus als den einzigen Erretter angenommen.

Obwohl er von seinem eigenen Volk zurückgewiesen wurde, ist er uns kostbar.

Apg 4,12

1Petr 2,6-7

Der „Ich-bin" des Alten Testaments ist der „Ich-bin" des Neuen Testaments.

Als Gott zu Mose aus dem brennenden Dornbusch sprach, stellte Mose Gott eine Frage.

📖 Lesen Sie 2. Mose 3,13

Hören Sie sich Gottes Antwort an!

📖 Lesen Sie 2. Mose 3,14

Nur Gott hat diesen Namen, denn dieser Name bedeutet, dass er der Selbstexistierende ist, ohne Anfang und ohne Ende – von nichts und niemandem abhängig.

Hören Sie sich an, was der Herr Jesus über sich selbst sagte, als er auf dieser Erde war:

📖 Lesen Sie Johannes 8,58

Das bewirkte eine heftige negative Reaktion seitens der jüdischen Führer, denn sie erkannten ihn nicht als Gott an.

Aber diejenigen von uns, die glauben, können sagen:

- „Ja, Herr, du bist der große ‚Ich-bin', denn du bist Gott!"
- „Du bist alles, was ich brauche."

Gott-Vater, Gott-Sohn und Gott-Heiliger Geist sind der große, ewige „Ich-bin".

Gott schuf einen Fluchtweg für sein Volk Israel.
Er schuf auch einen Fluchtweg für an Jesus Christus Gläubige.

2Mo 7-12   Als Pharao sich weigerte, die Israeliten ziehen zu lassen, ließ Gott schreckliche Plagen über das ägyptische Volk kommen.

- Die Ägypter beteten Pharao und andere falsche Götter an.

Röm 1,18-20

- Obwohl sie Gottes große Taten sahen, weigerten sie sich, an ihren Schöpfer zu glauben.

2Mo 9,6.26; 10,23; 12,13

Aber keine dieser Plagen berührte die Israeliten, weil Gott sie beschützte.

2Mo 9,16

Gott zeigte Ägypten, Israel und der ganzen Welt, dass er souverän ist und diejenigen befreit, die ihm vertrauen.

Gott ließ sich die Rebellion der Ägypter ihm gegenüber nicht gefallen und bestrafte sie für ihren Unglauben.

Genauso wie Gott sich gegen die Ägypter stellte, so stellt er sich auch gegen die gottlose Welt.

Gott wird alle bestrafen, die ihn nicht ehren, sondern sich ihm widersetzen.

Röm 5,9
Eph 2,8-9
Tit 3,4-5
Joh 16,33
1Thes 1,10; 5,9

Aber diejenigen von uns, die an Jesus Christus glauben, sind vor Gottes Zorn sicher bewahrt, genauso wie die Israeliten sicher bewahrt wurden.

Bedenken Sie

Bleiben wir von Gottes Zorn verschont, weil wir besser als andere sind oder weil wir in die Kirche gehen oder gute Werke tun?

Nein. Er befreit uns aufgrund seiner Gnade, die uns durch Jesus Christus gegeben wird, der sein Leben für unseres am Kreuz gegeben hat. Wir sind jetzt Gottes Kinder, und er macht einen Unterschied zwischen denjenigen von uns, die glauben, und denjenigen, die sich weigern, an ihn zu glauben.

Es kann sein, dass wir, die wir an Jesus Christus glauben, in dieser Welt viel Leid durchleben müssen. Aber wir werden niemals Gottes Zorn erfahren müssen, der sich gegen die richtet, die ihm nicht gehorsam waren.

Fazit

Die Bibel ist Gottes Botschaft für uns – reich an Bildern über den Herrn Jesus Christus.

Was für eine Ermutigung, alle ihre Schätze zu bergen!

Gott möchte, dass wir ihn gut kennen und anderen von ihm erzählen.

Er hat uns mit einem Reichtum an Wahrheit versorgt,

- damit wir daran glauben,
- damit wir uns darauf verlassen,
- damit wir sie an andere weitergeben.

Lassen Sie uns ihm danken – für sein Wort und für seine große Treue, die jedes Versprechen in Christus erfüllt.

Fragen

1. Inwieweit war Jakobs Traum ein Bild von Jesus Christus?

2. Das Leben Josefs hatte viele Parallelen zum Leben Jesu. Josef wurde von seinem Vater sehr geliebt. Weshalb erinnert uns das an Jesus?

3. Josefs Brüder verkauften ihn als Sklaven. Inwieweit erinnert uns das an das Leben Jesu?

4. Josef wurde von seinem eigenen Volk verschmäht, aber von den Ägyptern angenommen. Welche Parallele weist dies zum Leben des Herrn Jesus auf?

5. Gott erhöhte Josef in eine ehrenvolle und mächtige Position innerhalb Ägyptens. Inwiefern ähnelt das dem Herrn Jesus?

6. Das Leben Moses hatte auch viele Parallelen zum Leben Jesu. Als Kind wurde Mose vor dem Tod bewahrt. Wo ist die Parallele zu Jesus?

7. Mose wurde von Gott berufen, der Befreier seines Volkes zu sein. Wie ähnelt das dem Herrn Jesus?

8. Wer ist der „Ich-bin", der Selbst-existierende?

9. Gott beschützte das Volk Israel vor den schrecklichen Plagen, die er über die Ägypter brachte. Inwiefern erinnert uns das daran, was er für uns in Christus tat?

Anmerkungen für Nachfolger

1. „Ich-bin" ist einer der Namen Gottes. Sind Ihnen einige seiner anderen Namen, wie beispielsweise *„Brot des Lebens"*, beim Lesen im Johannesevangelium aufgefallen? Diese Namen sagen uns etwas über die Eigenschaften und Taten Gottes. Er ist so groß und wunderbar, dass ein Name allein noch lange nicht ausreichen würde, um ihn zu beschreiben.

2. Diese Namen Gottes finden wir die ganze Bibel hindurch, sowohl im Alten als auch im Neuen Testament. Schreiben Sie sich beim Lesen Gottes Namen auf. Denken Sie über ihre Bedeutung nach. Auf diese Weise können Sie mehr über Gott erfahren und ihn besser kennenlernen.

3. Machen Sie sich beim Lesen weiterhin Notizen. Schauen Sie sich Ihre Notizen immer wieder an und erkennen Sie, was der Herr Sie lehrt. Das ist Ihre persönliche Zeit mit Gott. Er selbst lehrt Sie durch seinen Heiligen Geist und sein Wort. Stellen Sie sich vor: Der Gott, der das Universum schuf, möchte diese Zeiten mit Ihnen allein verbringen, und er möchte Sie beständig unterweisen!

Anmerkungen für Nachfolger sind freiwillige Aktivitäten, die Sie den Kursteilnehmern für ihr persönliches geistliches Leben anbieten können. Sie sind nicht als Hausaufgaben gedacht, sondern als Angebot für diejenigen, die im Glauben wachsen möchten.

Ermutigen Sie die Teilnehmer, sich mit diesen Aufgaben zu beschäftigen, aber setzen Sie sie nicht unter Druck.

Wenn Sie am Ende der Lektion noch Zeit haben, bietet sich vielleicht die Möglichkeit, dass einige der Teilnehmer von ihren persönlichen Studien erzählen.

Christus im Alten Testament II.

Bibelabschnitte: 2. Mose 12,3.5-7.13.46; 14,13-14.29-31; 15,1-4; 16,13-15.35; 17,6; 19,3-6

Lektionsziele

- Bilder von Christus im Passah, in Gottes Fürsorge für Israel in der Wüste und im Gesetz aufzuzeigen;
- die Vollkommenheit unserer Befreiung in Christus zu verdeutlichen;
- zu zeigen, dass wir in Christus nicht nur die Errettung, sondern sogar auch die vollständige Fürsorge für jeden Bedarf im Leben haben;
- zu zeigen, dass Jesus Christus das für uns tat, was wir unter dem Gesetz niemals für uns selbst hätten tun können.

Diese Lektion soll den Kursteilnehmern helfen

- Gottes Souveränität in den Ereignissen zu sehen, die das Kommen Christi andeuteten;
- die Errettung in Christus wertzuschätzen;
- weiter in ihrer Abhängigkeit von Christus zu wachsen und alles von ihm zu erwarten.

⚔ Überblick

Diese Lektion behandelt weitere Bilder von Christus im Alten Testament: im Passah, in Gottes Fürsorge für Israel in der Wüste und im Gesetz.

Im Passah ist Christus das Opferlamm. In Gottes Fürsorge für Israel ist Christus das Brot des Lebens und der Fels, aus dem lebendiges Wasser kommt.

Christus war dem Gesetz vollkommen gehorsam und hat sogar die volle Strafe für Sünde auf sich genommen, damit niemand, der an ihn glaubt, jemals Gottes Zorn gegen Sünder erfahren wird.

Zusatzinformationen für den Kursleiter

Neun Plagen hatten verheerende Auswirkungen auf die Ägypter, aber ihre versklavten israelitischen Nachbarn erlitten keinerlei Schaden durch die Plagen. Die zehnte Plage brachte jedem ägyptischen Haushalt einen Todesfall, aber kein einziger Israelit starb. Nach der Flucht in der Nacht standen die Israeliten erst dem Meer und dann auch noch der Streitmacht Pharaos gegenüber. Gott öffnete das Meer, damit sein Volk auf trockenem Land hindurchziehen konnte. Dann verschloss Gott das Meer über Pharaos Armee – aber erst nachdem jeder Israelit das andere Ufer sicher erreicht hatte.

Vielleicht sind wir mit dem biblischen Bericht dieser Ereignisse vertraut. Aber können wir uns wirklich den Schrecken vorstellen, den das Volk erfuhr? Haben wir überhaupt schon damit angefangen, die Größe der Befreiung Gottes zu verstehen?

Mit unserer Errettung verhält es sich ähnlich. Obwohl wir über das Schicksal der Verlorenen lesen und über das, was Jesus getan hat, um uns zu erretten, drängt sich die Frage auf: Verstehen wir wirklich, was sich ereignet hat?

Jesus Christus hat uns vollkommen von der ewigen Strafe in der Hölle befreit. Und er tat dies auf Kosten seines eigenen Lebens. Diesseits des Himmels können wir nur eine kleine Vorstellung davon haben, was er für uns getan hat.

Das Leben hier auf der Erde ist oft ein Bündel von Problemen. Wenn wir dazu aber einmal Abstand nehmen und betrachten, was Christus für uns vollbracht hat, können wir uns freuen. Wir haben eine Botschaft, die zu gut ist, um sie für sich zu behalten – eine Befreiung, die zu groß ist, als dass wir sie vergessen könnten. Wir sind von der ewigen Strafe zum ewigen Leben gekommen. Lassen Sie uns beständig glücklich sein und anderen davon erzählen, was unser Erretter für uns getan hat! Gläubige haben es nötig, daran erinnert zu werden, und Nichtgläubige müssen es erfahren!

Anschauungsmaterial

- Bild Nr. 27: „Das Passahblut wird an die Türrahmen gestrichen"
- Bild Nr. 87: „Die Kreuzigung"
- Bild Nr. 29: „Die Durchquerung des Roten Meeres"
- Bild Nr. 30: „Das Manna in der Wüste"
- Bild Nr. 32: „Der heilige Berg Gottes"

Lektionsentwurf

Wiederholung der Fragen aus Lektion 7.

⇥ Einleitung

Wir haben bereits einige Bilder von Christus im Alten Testament betrachtet.

Zu Beginn dieser Lektion werden wir nun eines der bedeutendsten Bilder von Christus im Alten Testament beleuchten – das Passah.

Die Israeliten mussten ein Passahlamm opfern, um vom Tod errettet zu werden.

Jesus Christus wurde zu unserem Passahlamm, um uns vom Tod zu erretten.

Gott sandte schreckliche Plagen über Ägypten.

Die letzte Plage war der Tod der Erstgeborenen aller Menschen und Tiere in Ägypten.

Diese Plage hätte auch die Erstgeborenen Israels getötet, hätte Gott nicht einen Ausweg für sie geschaffen.

Lassen Sie uns verschiedene Bilder von Christus im Passah betrachten:

1. Die Israeliten sollten ein vollkommenes Lamm als ein annehmbares Opfer auswählen.
   Jesus ist unsere vollkommene Opfergabe, vollkommen annehmbar für Gott.

   Die Israeliten sollten ein makelloses Lamm als Opfer für ihre Familien auswählen.

   Hebr 7,25-27; 10,10-14

   📖 **Lesen Sie 2. Mose 12,3.5**

   Jesus Christus ist unser vollkommenes Opferlamm – heilig und sündlos, das Gott vollständig entsprach.

   Er wurde als sündloser Sohn Gottes geboren und war der Einzige, der hier auf der Erde ein sündloses Leben führte.

   Er allein konnte ein hinreichendes Opfer für unsere Sünden sein.

2. Die Israeliten mussten das Lamm genau prüfen, um sicherzustellen, dass es geeignet war.
   Gott betrachtete das Leben Jesu Christi und befand ihn als vollkommen geeignet.

   Gott sagte den Israeliten, dass sie ihr Opferlamm am zehnten Tag des Monats auswählen sollten.

   Mt 3,17 Joh 5,30

   Sie sollten es vier Tage lang genau beobachten, um zu prüfen, ob es wirklich eine geeignete Opfergabe war.

   Jesus Christus lebte 33 Jahre lang sein Leben hier auf der Erde. Alles, was er sagte und tat, gefiel seinem Vater vollkommen.

3. Das Lamm musste getötet werden.
   Der Herr Jesus musste sterben.

   Hätten die Israeliten das Lamm behalten können, ohne es zu töten?

   Hebr 9,22

   Nein! Es musste sterben, und das Blut musste vergossen werden, um die Erstgeborenen von der Todesplage zu erretten.

   📖 **Lesen Sie 2. Mose 12,6**

   Genauso musste auch Jesus Christus sterben, damit wir vom Tod errettet werden können.

   Sein vollkommenes Leben konnte uns nicht erretten.

   Nur sein Tod und sein vergossenes Blut konnten für unsere Sünden bezahlen.

4. **Das Blut des Lammes musste an die Türrahmen gestrichen werden.** Mt 26,28
   Nur diejenigen, die persönlich auf den Tod und das vergossene Blut des Hebr 9,22
   Herrn Jesus Christus vertrauen, sind errettet.

 Lesen Sie 2. Mose 12,7.13

Bildvorschlag: Bild Nr. 27 „Das Passahblut wird an die Türrahmen gestrichen"

Nach dem Töten des Lammes mussten die Israeliten etwas von dem Blut auf die Türrahmen ihrer Häuser streichen.

Wenn der Herr das Blut des Opfertiers auf ihren Türrahmen sah, würde er an diesem Haus vorüberziehen.

Niemand in diesem Haus sollte sterben.

Bedenken Sie

Was wäre geschehen, wenn ein Israelit zwar ein Lamm getötet, sich aber geweigert hätte, das Blut auf den Türrahmen seines Hauses zu streichen? Wäre seine Familie im Haus sicher gewesen?

Nein! Jeder Haushalt musste das Blut an den Türrahmen streichen, damit ihr Erstgeborener errettet würde.

Genauso muss jeder von uns persönlich auf Jesu Tod und sein vergossenes Blut für unsere Sünden vertrauen.

Vergleichen Sie

Ist Jesus für alle Menschen überall gestorben? Ja.

Bedeutet das, dass jetzt allen Menschen vergeben wurde? Joh 3,16

Nein. Nur diejenigen, die vor Gott erkannt haben, dass sie Sünder sind, und die Apg 20,21
persönlich auf Jesus als ihren Erretter vertrauen, sind von Gottes Gericht errettet.

5. **Dem Passahlamm durften keine Knochen gebrochen werden.**
   Dem Herrn Jesus wurden bei seinem Tod keine Knochen gebrochen.

 Lesen Sie 2. Mose 12,46

Diese Anweisung ist ein weiteres wichtiges Bild, das auf Jesus Christus und seinen Tod für uns hinweist.

Die Knochen des Lammes durften nicht gebrochen werden.

Die Knochen des Herrn Jesus wurden auch nicht gebrochen, als er gekreuzigt wurde.

 Lesen Sie Johannes 19,31-36

Am Roten Meer befreite Gott die Israeliten von Pharao und den Ägyptern.

In Christus hat Gott uns von der Macht der Sünde, des Satans und des Todes befreit.

Nachdem die zehnte Plage die Ägypter heimgesucht hatte, ließ Pharao die Israeliten ziehen.

Gott hatte sein Volk von den grausamen Sklaventreibern befreit.

Gott selbst führte sie:

- durch eine Wolke am Tag.

- durch eine Feuersäule in der Nacht.

2Mo 13,22   - zurück ins Land Kanaan, das Land, das Gott Abraham und seinen Nachkommen verheißen hatte.

- Heute befindet sich das Land Israel im Kanaan des Alten Testaments.

Aber Pharao änderte schnell seine Meinung.

Pharao und seine Streitmacht verfolgten die Israeliten.

Gottes Volk befand sich in einer sehr schwierigen Lage:

- Sie hatten ihr Lager in der Wüste aufgeschlagen – das Meer vor ihnen und Berge um sie herum.

- Pharaos Streitmacht verfolgte sie von hinten.

Das Volk hatte Angst, war entmutigt und fing an zu murren.

Es gab keinen Ausweg für sie.

Aber hört, was Gott ihnen sagte!

 Lesen Sie 2. Mose 14,13-14

Wer hatte sie von der Sklaverei befreit? Gott!

Und wer würde sie jetzt erretten? Gott!

Bildvorschlag: Bild Nr. 29 „Die Durchquerung des Roten Meeres"

- Er öffnete das Meer, damit die Israeliten es auf trockenem Land durchqueren konnten.

2Mo 14,26-28   - Aber als die Ägypter sie verfolgten, schloss sich das Wasser wieder über ihnen und tötete die ganze ägyptische Streitmacht.

 Lesen Sie 2. Mose 14,29-31

Bevor wir an Jesus Christus geglaubt haben, waren wir in einer ähnlichen Situation wie die Israeliten.

Eph 2,1-3   - Wir waren verloren – von allen Seiten vom Feind unserer Seele bedrängt.

- Was lag vor uns?

- Tod und Bestrafung in der Hölle.

- Satan beabsichtigte, uns zu vernichten.

Röm 5,8   Aber Jesus Christus griff ein.

Er eröffnete den Weg der Errettung, indem er an unserer Stelle starb.

Durch seinen Tod:

Röm 6,1-14   - wurden wir von der Sklaverei der Sünde befreit.

- sind wir dem Tod entronnen. Wir werden nie von Gott getrennt sein.

Röm 8,37-39   - sind wir nicht mehr unter der Macht Satans.

Die Israeliten priesen Gott für ihre Befreiung.

Auch wir preisen Gott dafür, dass er uns errettet hat.

 Lesen Sie 2. Mose 15,1-4

Das ist nur der Anfang eines Liedes, das genau beschreibt, wie der Herr die Israeliten errettet hat, und welche Auswirkung das auf ihr Leben und das Leben anderer hatte.

Wie viel *mehr* sollten wir unseren Herrn für die Errettung preisen, die er uns in Christus geschenkt hat!

- In Christus hat Gott uns von der Sünde, von Satan und vom Tod errettet.
- In Christus hat er uns ewiges Leben gegeben.
- In Christus hat er uns dazu befähigt, unser neues Leben auszuleben.

Lobpreis gefällt Gott und stärkt uns.

Wir können ihn gemeinsam preisen, wie die Israeliten es in ihrem Lobpreislied taten.

Und wir können ihn allein preisen.

Gott möchte, dass wir ihm an jedem Tag und in jedem Moment Lobpreis und Danksagung bringen.

Röm 6,1-14

1Kor 15,56-57

Hebr 2,14-18

Eph 5,19-20

1Thes 5,17-18

Gott gab den Israeliten Nahrung vom Himmel und Wasser aus dem Felsen.

Jesus Christus ist das Brot des Lebens und der Felsen, der uns lebendiges Wasser gibt.

Nachdem die Israeliten das Meer sicher durchquert hatten und in die Wüste gelangt waren, standen sie vor einem neuen Problem.

2Mo 16,2-12

Das Essen ging ihnen aus.

- Anstatt sich daran zu erinnern, welch großartige Dinge Gott für sie getan hatte, murrten sie.
- Sie beschuldigten Mose und Aaron, ihre Führer.

Aber Gott, in seiner Gnade, sorgte für sie.

 Lesen Sie 2. Mose 16,13-15.35

- Zuerst sandte er eine übernatürliche Menge an Wachteln.
- Danach sandte er Manna vom Himmel, das sie einsammeln und essen konnten.

Bildvorschlag: Bild Nr. 30
„Das Manna in der Wüste"

- 40 Jahre lang, während die Israeliten in der Wüste umherwanderten, versorgte Gott sie treu mit Manna.

Als ihnen das Wasser ausging, begehrten sie erneut gegen ihre Führer auf.

Und wieder, auf eine gnädige und übernatürliche Weise, versorgte Gott sie mit all dem Wasser, das sie und ihr Vieh brauchten:

2Mo 17,1-3

- nicht knapp bemessen,

- sondern so, wie es in Psalm 78,16 steht: „... *das Wasser floss in Strömen herab.*"

Erinnern Sie sich, wie Gott den Israeliten Wasser gab?

✝ Lesen Sie 2. Mose 17,6

Jesus Christus ist unser Brot des Lebens und der Felsen, der uns lebendiges Wasser gibt.

Während seiner Zeit als Mensch hier auf der Erde wollten die Leute von Jesus Beweise sehen, dass er der Befreier war.

Sie baten ihn, Manna vom Himmel zu senden, wie Mose es getan hatte.

Aber hören Sie, was Jesus ihnen antwortete.

✝ Lesen Sie Johannes 6,32-35

Wenn wir an ihn glauben, haben wir die Nahrung „gegessen", die einzig uns ewiges Leben geben wird.

Joh 3,16

- Dieses Leben beginnt in dem Augenblick, in dem wir an ihn glauben.

Joh 5,24

- Unser Vater möchte von uns als Mitglieder der Familie Gottes, dass wir uns

Joh 15

täglich auf unsere Lebensquelle Jesus Christus verlassen.

Jesus Christus ist unsere Quelle des lebendigen Wassers.

Bevor wir errettet wurden, waren wir im Begriff, zu verdursten – es war ein Durst, den nur Jesus stillen kann.

Als die Frau aus Samarien mit Jesus sprach, erzählte er ihr vom Wasser des Lebens, das er allen gibt, die an ihn glauben.

✝ Lesen Sie Johannes 4,13-14

Mose schlug den Felsen, und es strömte Wasser für das durstige Volk Israel heraus.

Jes 53,4-
5.10

Genauso hat Gott unseren Felsen, Jesus Christus, am Kreuz geschlagen.

1Kor 10,4

Jesus nahm den vollen Hieb der Bestrafung für unsere Sünden auf sich.

2Kor 5,21

Aus seinem Leben floss das Wasser des wahren, ewigen Lebens für alle, die es

1Petr 2,24

trinken, d. h. für alle, die an ihn glauben.

Kol 1,14

Jesus sagte, dass diejenigen, die ihm vertrauen, niemals Hunger oder Durst leiden

Röm 5,1-
2; 8,1

würden.

1Jo 5,11-13

Wonach wir nie mehr zu suchen brauchen, ist:

Eph 1

- ein Weg für die Vergebung unserer Sünden,

2Petr
1,3-4

- Annahme bei Gott,

- Frieden mit ihm,

- ewiges Leben.

Alles, was wir brauchen, wurde uns in Jesus Christus im Überfluss geschenkt.

Gottes Segen für Israel war davon abhängig, wie sehr sie Gottes Gesetz gehorchten.

Gottes Segnungen für Gläubige sind von Jesu Gehorsam abhängig.

Das Gesetz, das Gott Israel gab, war ein Bund, eine Vereinbarung, die von uneingeschränktem Gehorsam ihm gegenüber abhängig war.

✝ Lesen Sie 2. Mose 19,3-6

- Wenn die Israeliten ihm gehorchten, würde Gott sie segnen.

- Aber wenn sie ihm nicht gehorchten, würde er sie bestrafen.

Am Berg Sinai kam Gott in seiner überwältigenden Heiligkeit zu seinem Volk.

2Mo 19,9-24; 20,18-19

Bildvorschlag: Bild Nr. 32
„Der heilige Berg Gottes"

Gott zeigte seine Heiligkeit durch Feuer, Rauch, Erdbeben, eine laute Stimme und einen Posaunenschall.

Die Israeliten fürchteten sich.

Aber sie dachten trotzdem, dass sie Gottes Gebote halten könnten.

- Sie sahen ihre eigene Sündhaftigkeit nicht.

- Sie dachten nicht daran, dass die Vereinbarung des Gesetzes vollkommen von ihrem Gehorsam abhängig war.

Ist es bei uns genauso?

- Sind die Segnungen der Vergebung, der Annahme, des Friedens mit Gott und des ewigen Lebens von unserem Gehorsam Gottes Gesetz gegenüber abhängig?

Gal 2,15-21; 3,11

- Wird Gott diese Segnungen wegnehmen, wenn wir ihm ungehorsam sind?

Eph 2,4.8-9.14

Nein!

Röm 3,20-24; 5,19; 6,23

Die Segnungen, die Gott uns gegeben hat, sind ein Geschenk, das uns aufgrund des Gehorsams seines Sohnes Jesus Christus gegeben wurde.

Eph 1,2-8

Die Gerechtigkeit des Herrn Jesus wurde jedem wahren Gläubigen gegeben, und seine Gerechtigkeit wird niemals weggenommen werden.

 Bedenken Sie

Bedeutet das, dass es Gott egal ist, ob wir ihm gehorchen?

Nein! Gott ist traurig, wenn wir ungehorsam sind.

Eph 4,30

Genauso wie ein ungehorsames Kind erzogen werden muss, so erzieht Gott auch uns zu unserem Wohl.

Hebr 12,5-12

Aber er wird uns niemals aus seiner Familie ausschließen.

Röm 8,28-39

Gott wird niemals seine Gnade und Barmherzigkeit von uns zurückziehen.

Warum? Weil unser Herr Jesus den ganzen Zorn Gottes über unsere Sünde für uns erlitten hat.

 Vergleichen Sie

Was würden Sie tun, wenn Sie von einem Buschfeuer umringt wären? Wahrscheinlich wäre es am besten, ein weiteres kontrolliertes Feuer anzuzünden und dann dort zu stehen, wo dieses Feuer schon gewesen ist. Das Feuer, das sich auf Sie zubewegt, wird nicht mehr dort brennen, wo schon Feuer gewesen ist.

So ist es mit denjenigen von uns, die an den Herrn Jesus glauben. Der Berg Sinai war in Flammen, um den Zorn Gottes und seinen Hass auf die Sünde zu zeigen. So war es auch bei uns: Das Feuer oder der Zorn Gottes sollte uns aufgrund unserer Sünde vernichten.

Aber dann gab sich der Herr Jesus für uns hin. Er erlitt für uns das Feuer des Zorns Gottes über unsere Sünde. Gottes Zorn fiel auf den Herrn Jesus, als er für uns am Kreuz starb.

> *Durch den Glauben an ihn stehen wir jetzt an dem Ort, wo das Feuer Gottes schon gewesen ist. Jesus nahm Gottes volles Urteil für unsere Sünde auf sich – die vergangene, die gegenwärtige und die zukünftige.*

- Wenn Gott uns, die wir an ihn glauben, anschaut, sieht er uns immer in seinem Sohn.

- Manchmal sind wir ungehorsame Kinder. Das betrübt unseren Vater.

- Aber er wird uns niemals enteignen.

Röm 6,1-
2.11-14

Kann Gottes Gnade als Ausrede herhalten, weiter sündigen zu dürfen?

Nein, ganz im Gegenteil. Sie sollte unsere Herzen mit Dankbarkeit erfüllen und uns ein tiefes Verlangen danach geben, uns von ihm belehren zu lassen, damit wir in ihm wachsen.

Im Gegensatz zu den Israeliten haben wir die Kraft, Gott zu gehorchen.

Gal 2,19b-
20

Kol 1,27

Phil 4,13

Jesus Christus, das Brot des Lebens und der Fels, der uns lebendiges Wasser gibt, wohnt in uns.

- Gott weiß, dass wir noch sündigen werden, weil wir noch immer Menschen sind.

- Aber in Christus hat Gott uns die Fähigkeit gegeben, dass wir Jesus Christus bewusst sein Leben durch uns leben lassen.

⌈!⌉ Fazit

Gott hat uns durch Jesus Christus wunderbar befreit!

Diese alttestamentlichen Geschichten erinnern uns daran,

- wie sehr wir ohne Christus verloren waren

- und wie wunderbar wir durch seinen Tod für uns errettet wurden.

Gott hat uns durch Jesus Christus nicht nur errettet,

- er versorgt uns auch durch ihn mit allem, was wir brauchen.

- Jesus ist wahrlich unser Brot des Lebens und unser Fels, unsere Quelle lebendigen Wassers.

Lassen Sie uns dem Herrn für unsere Errettung danken und für das neue Leben, das wir in Christus haben!

✏️ Fragen

1. Viele Aspekte des Passahs weisen auf den Herrn Jesus Christus hin. So mussten die Israeliten zum Beispiel ein makelloses Lamm aussuchen. Inwiefern erinnert uns das an Jesus?

2. Wenn die Israeliten das Lamm nicht getötet und somit kein Blut an die Türrahmen ihrer Häuser gestrichen hätten, wären dann ihre Erstgeborenen errettet worden?

3. War das makellose Leben Jesu Christi ausreichend, um uns von unseren Sünden zu erretten?

4. Reicht es aus, einfach von Jesus Christus zu wissen, um von der Strafe, die wir für unsere Sünden verdienen, errettet zu werden?

5. Beim Töten des Passahopfers durfte man keinen Knochen brechen. Inwiefern erinnert uns das an den Herrn Jesus?

6. Die Israeliten waren nicht imstande, sich selbst zu befreien. Pharaos Armee verfolgte sie von der einen Seite, und das Meer war auf der anderen Seite. Aber Gott öffnete das Meer für sie. Inwiefern erinnert uns das an unsere Situation, in der wir waren, bevor wir an Jesus Christus geglaubt haben?

7. Am Morgen nach Gottes Befreiung der Israeliten durch das Rote Meer betete das Volk Gott an und pries ihn. Wie können wir diesem Beispiel in unserem Leben folgen?

8. Als die Israeliten in der Wüste waren, versorgte Gott sie jeden Tag mit Manna. Inwiefern erinnert uns das an den Herrn Jesus Christus?

_____

_____

_____

_____

9. Mose schlug den Felsen in der Wüste, und Gott ließ Wasser herausströmen, um den Durst der Israeliten zu stillen. Inwiefern erinnert uns das an Jesus?

_____

_____

_____

_____

10. Gottes Segnungen für Israel hingen von ihrem Gehorsam seinem Gesetz gegenüber ab. Wovon hängen Gottes Segnungen für uns ab?

_____

_____

_____

_____

Anmerkungen für Nachfolger

1. Denken Sie an die Bilder auf Christus, die Sie in dieser Lektion studiert haben. Jesus Christus ist Ihr Opferlamm, Ihr Fels, Ihre Quelle lebendigen Wassers und Ihr Brot des Lebens. Er hat Sie für immer von Gottes Zorn befreit, der auf alle kommt, die gegen sein Gesetz verstoßen.

2. Denken Sie über diese Wahrheiten nach. Denken Sie an die „durstigen" und „hungrigen" Bereiche Ihres Lebens und erwägen Sie, wie Christus Ihr Verlangen stillen kann. Beten Sie, und bitten Sie ihn, Ihr Leben so zu füllen, wie es ihm gefällt.

3. Lesen Sie das Lied aus 2. Mose 15. Beachten Sie, wie Gottes Eigenschaften beschrieben werden. Beachten Sie auch, wie die Israeliten darauf reagiert haben, was Gott getan hat.

4. Schreiben Sie Ihren eigenen Lobpreis für Gott auf. Vielleicht möchten Sie sogar Ihr eigenes Loblied für ihn dichten?

Anmerkungen für Nachfolger sind freiwillige Aktivitäten, die Sie den Kursteilnehmern für ihr persönliches geistliches Leben anbieten können. Sie sind nicht als Hausaufgaben gedacht, sondern als Angebot für diejenigen, die im Glauben wachsen möchten.

Ermutigen Sie die Teilnehmer, sich mit diesen Aufgaben zu beschäftigen, aber setzen Sie sie nicht unter Druck.

Wenn Sie am Ende der Lektion noch Zeit haben, bietet sich vielleicht die Möglichkeit, dass einige der Teilnehmer von ihren persönlichen Studien erzählen.

Lektion 9

Christus im
Alten Testament III.

Bibelabschnitte: 2. Mose 25,9-11.17-21.23.30-32; 26,31-33; 27,1-2; 28,1; 30,1-3.18-19; 31,1-3

Lektionsziele

- zu zeigen, dass Gott die Stiftshütte so gestaltet hat, dass sie ein vollkommenes Bild der Person und des Werkes Jesu Christi ist;

- deutlich zu machen, dass die Opfer, die in die Stiftshütte gebracht wurden, nicht für Sünden bezahlen konnten. Es war Jesus Christus, der für Sünde vollkommen bezahlt hat.

- Jesus Christus als unseren großen Hohenpriester vorzustellen.

Diese Lektion soll den Kursteilnehmern helfen

- die Vollkommenheit des Werkes Christi für Sünder zu sehen;

- zu erkennen, dass durch Jesus Christus der Weg zu Gott vollkommen frei ist.

Zusatzinformationen für den Kursleiter

Jesus Christus ist die Arche, das Passahlamm, das Wasser aus dem Felsen und das Manna vom Himmel. In der Stiftshütte aber sind die Bilder auf Jesus Christus fast unzählig.

Wer außer Gott könnte ein Bauwerk aus irdischen Materialien gestalten, das den Menschensohn so vollkommen darstellt? Neben Altar, Waschbecken, Leuchter und Schaubrotetisch befindet sich das Herzstück der Stiftshütte: das Allerheiligste – der Sühnedeckel auf der Bundeslade – und Herz Gottes. Der heilige Gott liebt die sündigen Menschen so sehr, dass er einen Weg schafft, um unter ihnen zu wohnen.

⤢ Überblick

Diese Lektion zeigt auf, wo sich im Einzelnen in der Stiftshütte Bilder auf Christus hin befinden. [1]

Folgende Bilder werden in der Lektion behandelt:

- der Altar
- das Waschbecken
- der Schaubrotetisch
- der Leuchter
- der Rauchopferaltar
- der Vorhang
- die Bundeslade und der Sühnedeckel
- der Hohepriester

Jesus Christus wird als der Erretter, das vollkommene Opfer, das Licht der Welt und der große Hohepriester vorgestellt.

[1] Die chronologischen Bilder oder sogar ein Modell der Stiftshütte werden für diese Lektion eine besonders große Hilfe zur Veranschaulichung sein.

Dies ist kein tiefgründiges Studium der Stiftshütte. Es soll den Kursteilnehmern aber helfen, einige der deutlichen Bilder von Christus in der Stiftshütte zu erkennen.

Erinnern Sie sich an das Ziel dieses Studiums: Gläubige so zu unterrichten, dass sie ihre Geborgenheit in Christus gut verstehen, so wie sie uns in Gottes Wort zugesprochen wird. Diese einzigartige Geborgenheit ist schließlich das Hauptthema unseres Kurses.

Diese Lektion gründet sich auf den Hebräerbrief, ist aber nicht als eine Auslegung dieses Buches gedacht. Dafür wäre ein viel tieferes Studium notwendig. Zu einem späteren Zeitpunkt können Sie vielleicht die Stiftshütte sowie die Wahrheiten im Hebräerbrief gründlicher studieren.

Im Alten Testament wohnte er *unter* den Israeliten. Aber im Neuen Testament wohnt er *in* den Gläubigen. Es ist in der Tat eine erstaunliche Gnade, dass wir die „Stiftshütte" Gottes sein sollen. Er hat das so entschieden, in uns zu wohnen. Wir, die wir aufgrund unserer Sünden nicht in seiner Gegenwart stehen könnten, sind jetzt mit der Person seines Heiligen Geistes und seines Sohnes erfüllt.

Unser herrlicher, heiliger Gott hat den trennenden Vorhang zwischen den Sündern und ihm zerrissen. Durch das Blut Jesu Christi können wir frei in seine Gegenwart kommen.

In 2. Korinther 5,1 steht: *„Wir wissen ja: Wenn unser irdisches Zelt abgebrochen wird, haben wir eine Wohnung von Gott, ein nicht von Menschenhand gebautes ewiges Haus in den Himmeln."* Er, der unter uns und in uns wohnt, hat versprochen, dass wir für immer bei ihm wohnen werden.

Mögen wir als Leiter, wie auch unsere Kursteilnehmer, uns an dieser Studie der Stiftshütte erfreuen – das wunderschöne Bild Christi in all seiner Gnade und Herrlichkeit.

Anschauungsmaterial

- Bild Nr. 34: „Die Stiftshütte"
- Bild Nr. 35: „Die Bestandteile der Stiftshütte"
- Bild Nr. 36: „Das Sühneopfer"
- Bild Nr. 75: „Die Verklärung Jesu"
- Bild Nr. 87: „Die Kreuzigung"

Lektionsentwurf

Wiederholung der Fragen aus Lektion 8.

→◲ Einleitung

Gott wusste, dass die Israeliten seine Gebote nicht halten konnten.

Röm 3,20 In seiner Gnade gab er Mose die Anweisung, die Stiftshütte zu bauen.

Das hebräische Wort für „Stiftshütte" bedeutet „Wohnstätte".

- Die Stiftshütte war eine Stätte, an der der heilige Gott unter den sündigen Israeliten wohnen wollte.
- Hier wollte er ihnen seine Gnade und Barmherzigkeit zeigen.

Die Stiftshütte musste genau so gebaut werden, wie Gott es Mose befohlen hatte.

Jede Einzelheit musste genau so gemacht werden, wie Gott es angeordnet hatte.

 Lesen Sie 2. Mose 25,9

Jedes Teil der Stiftshütte deutet auf Jesus Christus hin.

Hebr 9 Diese Stiftshütte sollte ein Bild für den kommenden Befreier sein, den Herrn Jesus Christus.

Deshalb gab Gott Mose genaue Anweisungen, wie sie konstruiert werden sollte.

- Jedes Teil der Stiftshütte wurde so gestaltet, um uns etwas über den Herrn Jesus Christus beizubringen.
- Jede Einzelheit deutete auf etwas hin, das mit seiner Geburt, seinem Leben, seinem Tod, seinem Begräbnis, seiner Auferstehung, seiner Himmelfahrt oder seinem fortwährenden himmlischen Dienst zu tun hat.

Lassen Sie uns einige der wunderbaren Bilder in der Stiftshütte betrachten, die auf Christus hindeuten.

Wir werden im Vorhof anfangen und uns dann weiter nach innen bewegen.

Bildvorschlag: Bild Nr. 34
„Die Stiftshütte"

1. **Der Altar –**
   Jesus Christus ist unser Opfer.

   Direkt hinter dem Eingang zum Vorhof der Stiftshütte, innerhalb der Umzäunung aus Tuchvorhängen, stand ein Altar.

   Zu diesem Altar wurden Tiere gebracht, die für die Sünden des Volkes getötet und verbrannt werden sollten.

Bildvorschlag: Bild Nr. 36
„Das Sühneopfer"

✝ Lesen Sie 2. Mose 27,1-2

Wir brauchen keinen Altar mehr, um Tiere zu opfern.

Jesus Christus hat sich selbst für die Sünden aller Menschen auf der ganzen Welt ein für alle Mal geopfert.

Hebr 7,27;
10,10-14;
13,10-13

Bildvorschlag: Bild Nr. 87
„Die Kreuzigung"

Gott hat sein Opfer vollkommen angenommen.

Zeigen Sie auf das Waschbecken auf dem Bild Nr. 34

2. Das Waschbecken –
Das Wort des Herrn Jesus ist unser Waschbecken.

Das Volk durfte Opfer zum Altar bringen.

Aber nur die Priester konnten zum nächsten Gegenstand der Stiftshütte gehen, dem Waschbecken.

Hier wuschen die Priester ihre Hände und Füße, bevor sie ins Heiligtum Gottes traten.

✝ Lesen Sie 2. Mose 30,18-19

Das Wasser erinnert uns an Gottes Wort.

Wenn wir Gottes Wort lesen und darüber nachsinnen, verändert es unser Denken.

Je mehr wir seinem Wort glauben und gehorchen, desto ähnlicher werden wir dem Herrn Jesus Christus in unserer Denk- und Lebensweise.

Joh 13,4-
10; 15,3
Eph 5,26

3. Der Schaubrotetisch –
Jesus Christus ist das Brot des Lebens.

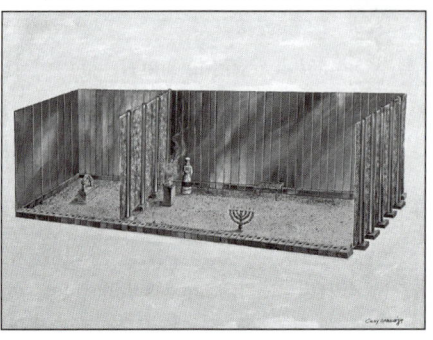

Bildvorschlag: Bild Nr. 35
„Die Bestandteile der Stiftshütte"

Im ersten Raum, der „das Heilige" genannt wurde, stand ein Tisch, auf den die Priester zwölf Brote legten.

Die zwölf Brote repräsentierten die geistliche Nahrung, die die Stämme Israels jeden Tag brauchten.

✝ Lesen Sie 2. Mose 25,23.30

Der Schaubrotetisch erinnert uns an den Herrn Jesus Christus.

Er ist unsere geistliche Nahrung.

In Johannes 6,35 bezeichnet Jesus sich selbst als *das Brot des Lebens"*.

Er gab seinen eigenen Leib am Kreuz für unsere Sünden.

Als wir an ihn geglaubt haben, haben wir geistliches Leben empfangen.

Genauso wie wir zum Leben täglich Nahrung aufnehmen, so mussten wir auch von Jesus Christus „essen", um ewiges Leben zu haben.

Und um in ihm zu wachsen, müssen wir auch weiterhin von ihm „essen".

Wie tun wir das?

Indem wir sein Wort lesen, studieren, verstehen und gehorsam umsetzen.

4. **Der Leuchter –**
   Jesus Christus ist das Licht der Welt.

   Im Raum, der „das Heilige" genannt wurde, war der siebenarmige Leuchter die einzige Lichtquelle.

✝ Lesen Sie 2. Mose 25,31-32

Der Leuchter ist ein weiteres Bild für Jesus Christus.

Christus ist das Licht der Welt.

✝ Lesen Sie Johannes 8,12

Bevor wir an den Herrn Jesus geglaubt haben, konnten wir geistliche Wahrheiten nicht verstehen.

Wir waren in der Finsternis und glaubten den Lügen Satans.

Aber Jesus Christus ist jetzt unser Licht.

 - Er gibt uns Licht, um sein Wort zu verstehen.

 - Wenn wir dem Licht gehorchen, das er uns gibt, gibt er uns mehr Licht, um ihn zu erkennen und ihm zu folgen.

5. **Der Rauchopferaltar –**
   Wir opfern Gott Gebet im Namen Jesu.

   Im ersten Raum war ein kleiner Altar, auf dem die Priester Weihrauch als Opfer für Gott verbrannten.

✝ Lesen Sie 2. Mose 30,1-3

Der wohlriechende Weihrauch, der vom Altar aufstieg, war ein Bild für die Anbetung und Gebete der Israeliten, die zu Gott emporstiegen.

Wir bringen keine Weihrauchopfer, aber wir opfern Gott unsere Gebete durch Jesus Christus.

In Offenbarung 5 sagt Gott uns, dass die Gebete der Gläubigen goldene, mit Weihrauch gefüllte Schalen sind, die vor seinem Thron ausgeschüttet werden.

Seitenmarginalien:
1Petr 2,24
Joh 6,53-58

Eph 5,8
Kol 1,13
1Jo 1,5-7
2Petr 1,3-8

Offb 5,8
Hebr 4,14-16

Rechte Spalte:
Zeigen Sie auf den Schaubrotetisch auf dem Bild Nr. 35

Zeigen Sie auf den Leuchter auf dem Bild Nr. 35

Zeigen Sie auf den Rauchopferaltar auf dem Bild Nr. 35

Gott nimmt unsere Gebete an, weil wir im Namen Jesu Christi zu ihm kommen.

6. **Der Vorhang vor dem Allerheiligsten –**
Jesus Christus war in einem physischen Körper verhüllt, der seine Göttlichkeit verbarg.

Zeigen Sie auf den Vorhang auf dem Bild Nr. 35

Ein dicker Vorhang trennte das Heilige von dem Allerheiligsten.

✝ **Lesen Sie 2. Mose 26,31-33**

Der Vorhang stellte die Trennung zwischen den sündigen Menschen und dem heiligen Gott dar.

Hinter dem Vorhang wohnte Gott in unzugänglichem, glänzendem Licht.

Gott ist heilig.

Die Sünde trennte den Menschen von Gott.

Jes 59,1-2

Niemand, noch nicht einmal ein Priester, durfte in diese Wohnstätte Gottes hineintreten, außer zu einer besonderen Zeit im Jahr.

Gott befahl, dass der Hohepriester einmal im Jahr mit dem Blut eines Opfers für die Sünden des Volkes hinter den Vorhang gehen sollte.

3Mo 16,2.29-33

- Wenn jemand das Allerheiligste auf irgendeine andere Weise oder zu einer anderen Zeit betreten hätte, wäre diese Person sofort gestorben.

- Gott ist heilig und gerecht. Er lässt nicht zu, dass Sünder in seiner Gegenwart wohnen.

Aber Jesus Christus kam auf die Erde, um unter sündigen Menschen zu leben.

Obwohl er vollkommen Gott ist, demütigte Jesus Christus sich, um als Mensch bei den Menschen zu leben.

Aber er sündigte kein einziges Mal.

- Der Leib des Herrn Jesus war wie der Vorhang des Tempels und bedeckte den Glanz seiner Gottheit.

Hebr 10,19-22

- Er sah wie ein gewöhnlicher Mensch aus.

Jes 53,2

- Nur wenige Menschen bemerkten überhaupt, dass er wahrhaftig Gott war.

Nur einmal in seinem irdischen Leben ließ Jesus das herrliche Licht Gottes in ihm nach außen scheinen.

✝ **Lesen Sie Markus 9,2-3**

Bildvorschlag: Bild Nr. 75
„Die Verklärung Jesu"

Petrus, Jakobus und Johannes waren Zeugen dieser Herrlichkeit.

2Petr 1,16-18

Einen Moment lang hatten sie das Vorrecht, den Glanz seiner Gottheit zu sehen.

Später, als Jesus am Kreuz starb, passierte etwas überaus Bemerkenswertes.

Jesus rief: „Es ist vollbracht!"

Bildvorschlag: Bild Nr. 87
„Die Kreuzigung"

✝ Lesen Sie Markus 15,37-38

Der dicke, schwere Vorhang der Trennung zerriss von oben nach unten.

Wer zerriss den Vorhang?

  - Gott tat es.

Hebr
4,14-16;
6,19-20;
10,19-22

  - Er tat es, um uns zu zeigen, dass für die Sünden vollständig bezahlt wurde.

  - Der Weg zurück zu ihm war nun vollkommen frei für alle, die zu ihm
    kommen und ihr Vertrauen auf das Blut Jesu setzen.

Wir können jetzt voller Zuversicht zu Gott kommen in dem Wissen, dass
der Leib des Herrn Jesus für uns gebrochen und sein Blut für uns vergossen
wurde, um den Weg zu Gott freizumachen.

✝ Lesen Sie Hebräer 10,19-20

7. **Die Bundeslade und der Sühnedeckel** – *Jesus Christus ist unser Sühnedeckel.*

Im Allerheiligsten war eine goldbeschichtete Truhe – die Bundeslade.

Der Deckel war aus reinem Gold und wurde „Sühnedeckel" genannt.

Jedes Jahr trat der Hohepriester ins Allerheiligste.

Er sprengte das Blut eines geopferten Tieres auf den Sühnedeckel, um die
Sünden des Volkes zu bedecken.

Zeigen Sie auf die Bundeslade mit dem
Sühnedeckel auf dem Bild Nr. 35

✝ Lesen Sie 2. Mose 25,10-11.17-21

Jesus Christus ging in den Himmel, direkt in die Gegenwart Gottes, um Gott
sein Blut darzubringen.

Gott nahm das Blut Jesu als vollständige Bezahlung für unsere Sünden an,
und Jesus setzte sich zur rechten Hand Gottes.

Hebr
9,24-28;
10,12-22

  - Er setzte sich, weil er sein Werk beendet hatte, für unsere Sünden zu bezahlen.

  - Es ist nicht mehr nötig, Sühneopfer zu bringen.

Hebr
4,14-16;
10,1-14

  - Wir können mit Zuversicht und Freude zu Gott kommen, unserem Vater,
    weil Jesu Blut für uns vergossen wurde.

  - Sein Blut beglich die komplette Schuld all unserer Sünden – von unserer
    Geburt bis zu unserem Tod.

Hebr
10,14-18

  - Gott ist vollkommen mit Jesu Bezahlung für die Sünde zufrieden.

8. **Der Hohepriester** – *Jesus Christus ist unser großer Hohepriester.*

✝ Lesen Sie 2. Mose 28,1

Gott ernannte Männer, die Opfer für die Israeliten darbringen sollten.

Diese Opfer waren nur eine Bedeckung für die Sünde.

Sie konnten nicht die Schuld für die Sünde – den Tod des Sünders – bezahlen.

Aber Jesus Christus bezahlte vollständig für alles, was Gott für Sünde forderte.

Deshalb brauchen wir keine Menschen mehr, die Gott Opfer für unsere Sünden bringen.

Jesu Christi erste Handlung als unser Hohepriester war, sein eigenes Blut für unsere Sünden zu opfern.

Er brachte ein für alle Mal ein Sühneopfer.

Hebr 7,24.28; 9,26; 10,10-14

✝ **Lesen Sie Hebräer 7,23-27**

Jesus bringt jetzt keine Sühneopfer mehr dar.

Aber er betet beständig für uns, die wir an ihn glauben.

Er ist unser Hohepriester, und wir können zu jeder Zeit uneingeschränkt zu ihm kommen, wenn wir Hilfe brauchen.

Röm 8,34

✝ **Lesen Sie Hebräer 10,19-23**

Hebr 7,25

Hebr 4,14-16

Gott, der Heilige Geist, erfüllte Bezalel und befähigte ihn, die Stiftshütte nach Gottes Plan zu bauen.

Jesus Christus lebte sein Leben auf der Erde in der Kraft des Heiligen Geistes – Jesus tat alles nach Gottes Plan.

Mk 1,10-11

Gott gab Mose genaue Anweisungen für den Bau der Stiftshütte und ihre Bestandteile.

Aber ohne die Befähigung des Herrn konnte niemand diese Pläne ausführen.

Joh 5,30; 6,38; 8,28-29

Der Herr wählte einen Mann aus und erfüllte ihn mit dem Heiligen Geist, damit die Arbeit nach Gottes Anweisungen ausgeführt werden konnte.

✝ **Lesen Sie 2. Mose 31,1-3**

Durch den Heiligen Geist gab Gott Bezalel die Weisheit und Fähigkeit, die Stiftshütte zu bauen.

Als Jesus Christus auf die Erde kam, tat er seinen gesamten Dienst in der Kraft des Heiligen Geistes.

Jesus tat *alles* in Übereinstimmung mit den Plänen seines Vaters.

Kein anderer Mensch konnte das tun, was Christus tat.

Jesus Christus befreite uns von Satan, von der Sünde und vom Tod.

⧠! **Fazit**

Hebr 9

Jesus Christus – unser Hoherpriester.

Wir brauchen weder ein Zelt in der Wüste noch Blut von Tieren oder einen menschlichen Priester.

- Wir haben Jesus Christus, unseren lebendigen, persönlichen Erretter, der an Gottes rechter Seite sitzt und für uns betet.

- Im Namen Jesu Christi können wir direkt zu unserem himmlischen Vater beten.

Durchdenken Sie das Ganze einmal gründlich!

Die Segnungen in Christus sind wesentlich kostbarer als das Gold der Stiftshütte oder irgendwelche irdischen Reichtümer.

Gott wird verherrlicht, wenn wir uns diese erstaunlichen Vorrechte, die er uns in Christus geschenkt hat, zu eigen machen.

- Der Weg zu Gott ist frei.

- Unsere Sünden sind vergeben.

- Jesus tat alles, was notwendig war.

- Wir werden nie wieder von Gott getrennt sein.

Lassen Sie uns unserem Gott für seine große Gnade und Barmherzigkeit danken, die er uns durch unseren Herrn Jesus Christus gezeigt hat.

Fragen

1. Warum gab Gott Mose besondere Anweisungen für den Bau der Stiftshütte?

2. Was war der erste Gegenstand innerhalb der Umzäunung der Stiftshütte?

3. Wer ist unser Sühneopfer?

4. Was versinnbildlichte das Waschbecken?

5. Woran erinnert uns der Schaubrotetisch?

6. Welcher Gegenstand im Heiligen der Stiftshütte erinnert uns daran, dass Jesus Christus das Licht der Welt ist?

7. Auf welche Weise erinnert uns der Rauchopferaltar an den Herrn Jesus?

8. Woran erinnert uns der Vorhang vor dem Allerheiligsten?

9. Warum riss Gott den Vorhang im Tempel entzwei, als Jesus starb?

10. Einmal im Jahr sprengte der Hohepriester das Blut von Tieren auf den Sühnedeckel. Aber dieses Blut war nur eine vorübergehende Bedeckung für die Sünden des Volkes. Auf welche Weise ist das Blut Jesu besser als das Blut von Tieren?

_____

_____

_____

_____

_____

11. Warum brauchen wir keinen menschlichen Priester, der für uns vor Gott tritt?

_____

_____

_____

_____

 ## Anmerkungen für Nachfolger

Anmerkungen für Nachfolger sind freiwillige Aktivitäten, die Sie den Kursteilnehmern für ihr persönliches geistliches Leben anbieten können. Sie sind nicht als Hausaufgaben gedacht, sondern als Angebot für diejenigen, die im Glauben wachsen möchten.

Ermutigen Sie die Teilnehmer, sich mit diesen Aufgaben zu beschäftigen, aber setzen Sie sie nicht unter Druck.

Wenn Sie am Ende der Lektion noch Zeit haben, bietet sich vielleicht die Möglichkeit, dass einige der Teilnehmer von ihren persönlichen Studien erzählen.

1. Denken Sie an die Stiftshütte und ihre Gegenstände, die in dieser Lektion behandelt wurden. Reflektieren Sie über ihre Hinweise auf unseren Herrn Jesus Christus. Notieren Sie sich beim Nachdenken die Segnungen, die Sie in Jesus Christus bekommen haben.

2. Machen Sie sich ferner Gedanken über die Namen Jesu Christi. Das sind nicht einfach irgendwelche Namen, sondern sie sind SEIN WESEN. Durch Gottes Gnade ist er all das für Sie.

3. Das Lesen von und Nachdenken über Gottes Wort und das Gebet sind wunderbare Angewohnheiten. Gott hat ein noch größeres Verlangen als Sie danach, dass Sie ihn kennen! (Die Eltern unter Ihnen können wahrscheinlich diese Parallele zu ihren Kindern und ihrer Beziehung zu Ihnen sehen.) Sich Zeit zu nehmen, um Gott kennenzulernen, hat den höchsten Nutzwert im Leben.

Wenn Sie wissen, dass Gott Sie so sehr liebt, dass er seinen Sohn sandte, um für Sie zu sterben; und wenn Sie wissen, dass er möchte, dass Sie ihn besser kennen, dann können Sie ihn um Hilfe bitten, wenn Sie sich weit weg von ihm fühlen. Lassen Sie sich niemals vom Feind oder Ihren eigenen bösen Begierden davon abhalten, enge Gemeinschaft mit Ihrem himmlischen Vater zu suchen. In Christus haben Sie Vergebung für Ihre Sünden. Gott nimmt Sie in ihm an. Sie sind für immer sein Kind.

Gott bleibt gnädig und treu

Bibelabschnitte: 4. Mose 13,1-2; 20,2-3.7-11; 21,4-9; Josua 1,1-2; 11,23;
Richter 2,7-19; 1. Samuel 8,6-7; 10,6; 13,13-14; 16,13-14;
2. Samuel 7,12-13; 2. Chronik 2,1; 5,1; Johannes 3,14-16

Lektionsziele

- die kontinuierliche Rebellion der Israeliten sowie Gottes Gericht und Gnade zu zeigen;

- das Wirken des Heiligen Geistes im Befähigen von Gottes auserwählten Führern und Boten zu zeigen;

- die Geschichte der Israeliten von ihrem Einzug in das verheißene Land bis zum Kommen Jesu Christi zusammenzufassen;

- Gottes Treue im Senden des Befreiers zu zeigen.

Diese Lektion soll den Kursteilnehmern helfen

- die Folgen anhaltender Rebellion zu sehen;

- Gottes Treue und Gnade wertzuschätzen;

- den Hintergrund von Christi Kommen auf die Erde zu verstehen.

⚏ Überblick

Diese Lektion umfasst eine große Zeit-spanne alttestamentlicher Geschichte: Vom Einzug der Israeliten in das verhei-ßene Land, über die Zeit der Richter, der Könige und des Exils gelangen wir bis zum Kommen Jesu Christi auf die Erde.

Der Schwerpunkt liegt auf der Rebellion und dem Unglauben des Menschen und auf Gottes Treue im Erfüllen seiner Verhei-ßungen.

Zusatzinformationen für den Kursleiter

Wenn wir auf die Geschichte des Volkes Gottes zurückblicken, sehen wir einen ständigen Zyklus von Rebellion, Buße, Befreiung und wiederholter Rebellion. Aber Gott steht immer treu zu seinen Verheißungen.

Gott sandte Propheten, um Israel über den kommenden Messias zu unterrichten und das Volk zu warnen, damit es sich von seinen Sünden abwende. Aber Israel lehnte Gottes Botschaften ab und tötete seine Botschafter.

Schließlich sandte Gott seinen Sohn Jesus, den verheißenen Messias. Viele Menschen folgten ihm nach außen hin nach, aber nur wenige glaubten wirklich an ihn. Die Mehrheit der Juden lehnte ihn ab, genauso wie die Propheten abgelehnt wurden. Die jüdischen Führer verschworen sich, ihn zu töten. Selbst einer der Jünger Jesu verriet ihn. Die Volksmenge rief: „Kreuzige ihn!", und Jesus starb, so wie es die jüdischen Führer gefordert hatten. Aber Gott weckte Jesus von den Toten auf. Seine Jünger wurden zu seinen Aposteln.

Einige Apostel brachten Gottes Botschaft zu den Juden. Andere gingen zu den Heiden. Trotz Verfolgung und menschlicher Sündhaftigkeit haben wir zweitausend Jahre später seine Botschaft der Errettung gehört und ihr geglaubt. Gott ist gnädig und treu!

Die Geschichte unseres suchenden Erretters, der einen Propheten nach dem anderen zu seinem rebellischen Volk sandte, sollte uns betroffen und bereit machen, seinen Worten zu gehorchen. Auch wir sind Sünder. Aber als seine Kinder wissen wir, dass unsere Errettung in Christus geborgen ist. Er hat uns seinen Geist und sein Wort gegeben, um uns zu helfen. Wir sind jetzt nicht mehr an das Gesetz gebunden, sondern an Liebe. Mögen wir auch das Verlangen haben, anderen von ihm zu erzählen!

Anschauungsmaterial

- Bild Nr. 37: „Die erhöhte Schlange"
- Bild Nr. 87: „Die Kreuzigung"
- Bild Nr. 40: „Götzendienst"
- Bild Nr. 43: „Salomos Tempel"
- Bild Nr. 46: „Die Ablehnung der Propheten"
- Bild Nr. 47: „Die Zerstörung Jerusalems"
- Bild Nr. 48: „Der Wiederaufbau des Tempels"
- Bild Nr. 49: „Römische Herrschaft"

Lektionsentwurf

Wiederholung der Fragen aus Lektion 9.

⤵️ Einleitung

2Mo 12-14 Gott tat sehr viel Wunderbares für die Israeliten:

2Mo 16
- Er befreite sie aus der Sklaverei in Ägypten.

2Mo 17
- Er teilte das Meer und zerstörte Pharaos Streitmacht.

2Mo 19
- Als die Israeliten Essen brauchten, gab Gott ihnen Manna vom Himmel.

- Als sie durstig waren, gab er ihnen Wasser aus dem Felsen.

Gott zeigte ihnen seine Heiligkeit und sein Gericht am Berg Sinai.

- Er kam mit Rauch, Feuer und Erdbeben auf den Berg herab.

- Er sprach zu ihnen mit einer lauten Stimme und mit Trompetenschall.

- Dennoch glaubte Israel Gott und seinen Verheißungen nicht.

Ps 106,24-25 Die Israeliten waren ihm weiterhin ungehorsam, weil sie ihm nicht glaubten.

Israel weigerte sich, Gott zu vertrauen, dass er sie in das verheißene Land führen würde, woraufhin Gott diese ganze Generation in der Wüste sterben ließ.

Nachdem Gott am Berg Sinai den Israeliten sein Gesetz gegeben hatte, führte er sie zur Grenze Kanaans.

Kanaan war das Land, das er ihnen durch Abraham, Isaak und Jakob versprochen hatte.

📖 Lesen Sie 4. Mose 13,1-2

Die zwölf Männer erkundeten das Land und erstatteten Bericht.

Zehn der zwölf Kundschafter weigerten sich zu glauben, dass Gott sie befähigen könnte, das Land einzunehmen.

4Mo 13,26-29
- Sie gaben zu, dass das Land sehr gut war, wie Gott es gesagt hatte.

4Mo 13,30
- Aber sie hatten Angst vor den Riesen und den hochgemauerten Städten.

- Sie fürchteten sich, weil sie sich weigerten, Gottes Verheißungen zu glauben.

4Mo 13,32-33; 14,1-4 Josua und Kaleb glaubten Gott.

Sie sagten dem Volk, dass es das Land einnehmen sollte, das Gott ihm verheißen hatte.

Aber das Volk hörte auf diejenigen, die einen schlechten Bericht gaben.

Deshalb richtete Gott das Volk für seinen Unglauben.

4Mo 14,20-23.29-31
- Er sagte ihnen, dass die ganze ungläubige Generation in der Wüste sterben würde.

- Nur ihre Kinder sowie Josua und Kaleb würden in das verheißene Land einziehen.

In seinem Zorn schlug Mose den Felsen zweimal.
Jesus litt einmal für Sünden.

5Mo 1,26; 2,1 Wegen Israels Unglauben führte Gott das Volk vom verheißenen Land weg in die Wüste zurück.

Bald darauf murrte das Volk wieder, weil es kein Wasser hatte.

Lesen Sie 4. Mose 20,2-3

Was hätte das Volk tun sollen, anstatt zu murren?

- Es hätte dem Herrn vertrauen sollen.

- Er hatte schon vorher für es gesorgt.

Das vorherige Mal gab Gott Mose die Anweisung, gegen den Felsen zu schlagen.

Dieses Mal gab Gott Mose eine andere Anweisung.

 Lesen Sie 4. Mose 20,7-8

Aber Mose und Aaron waren zornig.

 Lesen Sie 4. Mose 20,9-11

Gott gab den Israeliten Wasser.

Aber weil Mose und Aaron Gott ungehorsam waren, durften sie nicht in das verheißene Land einziehen.

4Mo 20,12

- Gott wollte, dass sie dem Volk seine Heiligkeit und Gnade zeigten.

- Stattdessen zeigten sie ihren eigenen Zorn.

Mose schlug gegen den Felsen, anstatt ihn anzusprechen, wie Gott es ihm befohlen hatte.

- Gott hatte Mose vorher zwar geboten, einmal gegen den Felsen zu schlagen.

- Dieses Mal sollte er aber nicht gegen ihn schlagen.

Der Felsen war ein Bild unseres Herrn Jesus Christus.

1Kor 10,2-4

- Jesus wurde einmal für alle Sünder geschlagen, damit wir das Wasser des Lebens empfangen können.

- Nie wieder würde er für unsere Sünden leiden müssen.

Hebr 9,28

> 💭 **Bedenken Sie**
>
> *Als Mose die Stiftshütte baute, folgte er genau Gottes besonderen Anweisungen. Jedes Teilstück war ein Sinnbild für Christus.*
>
> *Aber dieses Mal folgte Mose nicht Gottes Anweisungen. Obwohl die Bibel es nicht ausdrücklich sagt, scheint es so, als ob Mose durch das wiederholte Schlagen an den Felsen ein weiteres Bild auf unseren Herrn Jesus seiner Bedeutung beraubte.*

Gott bestrafte Israels Sünde, gab aber die bronzene Schlange als Rettung.

Jesus Christus nahm unsere Strafe auf sich. Er ist unser Retter.

Die Israeliten verharrten in ihrem Unglauben.

 Lesen Sie 4. Mose 21,4-6

Gott bestrafte sie für ihr Murren.

Aber er schaffte auch einen Ausweg, damit sie von der Strafe, die sie für ihre Sünde verdienten, befreit werden konnten.

Bildvorschlag: Bild Nr. 37 „Die erhöhte Schlange"

Lesen Sie 4. Mose 21,7-9

Rund vierzehnhundert Jahre später brachte Jesus Christus diese Begebenheit mit sich selbst in Zusammenhang.

Nikodemus, ein jüdischer Führer, kam in der Nacht zu Jesus.

Jesus sagte Nikodemus, dass er ohne eine neue Geburt Gott niemals sehen könne.

- Nikodemus konnte nicht verstehen, was Jesus meinte.

- Jesus bezog sich auf die erhöhte Schlange.

- Er wollte Nikodemus erkennen lassen, dass Jesus selbst sterben würde.

- Durch seinen Tod würde Jesus diejenigen, die an ihn glauben, von der Sünde befreien und ihnen eine neue Geburt schenken.

 Lesen Sie Johannes 3,14-16

Bildvorschlag: Bild Nr. 87
„Die Kreuzigung"

So wie die Schlange in der Wüste erhöht wurde, so wurde Jesus am Kreuz erhöht und nahm die Sünden der gesamten Menschheit auf sich.

- Gott rettete alle Israeliten vom Tod, wenn sie an ihn glaubten und auf die erhöhte Schlange blickten.

- Auf die gleiche Weise gibt Gott allen, die an Christus glauben, ewiges Leben.

Vergleichen Sie

Satan benutzte eine Schlange, um Adam und Eva zu versuchen. Als Resultat wurde die bis dahin unschuldige Menschheit unwiderruflich mit Sünde belastet.

Als Jesus ans Kreuz genagelt wurde, nahm er all unsere Sünde auf sich. Als er dort hing, wurde Jesus an unserer Stelle für alle unsere Sünden bestraft.

Gott heilte alle Israeliten, die auf die erhöhte Schlange blickten. Sie starben nicht an den Schlangenbissen.

Wir haben nicht auf eine erhöhte Schlange geblickt, aber durch den Glauben haben wir auf den Herrn Jesus geblickt, der die Verantwortung für unsere Sünden auf sich nahm und am Kreuz hing, um unsere Strafe zu tragen. Deshalb wurden auch wir geheilt. Wir wurden für immer von der Strafe befreit, die wir für unsere Sünden verdient haben.

Gott brachte Israel ins verheißene Land und bot ihnen Befreiung an, aber Israel verharrte in Rebellion.

5Mo 1,1-3
5Mo
2,14-15

Gott ließ die Israeliten vierzig Jahre in der Wüste umhergehen.

- Was geschah mit denen, die nicht an Gottes Verheißung glaubten, dass er sie in das Land führte?

- Sie starben in der Wüste, genauso wie Gott es gesagt hatte.

Nach Moses Tod setzte Gott Josua als Führer der Israeliten ein.

📖 **Lesen Sie Josua 1,1-2**

Josua führte das Volk nach Kanaan, in das verheißene Land.

Die Kanaaniter waren sehr gottlos, und Gott gab den Israeliten die Anweisung, sie zu vernichten.

📖 **Lesen Sie Josua 11,23**

Die Israeliten siedelten sich in dem Land an.

Schließlich starben Josua und alle anderen, die Gottes große Befreiung miterlebt hatten.

Danach wandten sich die Israeliten von Gott ab.

Sie fingen an, die falschen Götter ihrer kanaanitischen Nachbarn anzubeten und ihnen zu dienen.

Sie beteten Götzen aus Holz und Stein an, anstatt den wahren und lebendigen Gott anzubeten.

Bildvorschlag: Bild Nr. 40 „Götzendienst"

📖 **Lesen Sie Richter 2,7-15**

Aufgrund dessen ließ der Herr zu, dass die benachbarten Nationen Israel besiegten.

Die Israeliten waren nicht in der Lage, sich selbst von ihren Feinden zu befreien.

Aber sooft sie Buße taten, befreite der Herr sie.

Gott erwählte einen Führer für die Israeliten – jemanden unter ihnen, der noch an Gott glaubte und ihm gehorchte.

📖 **Lesen Sie Richter 2,16**

- Diese Männer und Frauen, die Richter genannt wurden, waren nicht in der Lage, Israel aus ihrer eigenen Kraft zu befreien.

- Gott, der Heilige Geist, kam auf sie und gab ihnen Gottes Weisheit und Stärke, um das Volk zu befreien.

📖 **Lesen Sie Richter 2,17-19**

Ständig wiederholte sich dieser Zyklus: Ungehorsam, Buße und Befreiung – danach waren die Israeliten wieder ungehorsam.

Dennoch war Gott ihnen treu geblieben.

- Obwohl er ihre Sünden bestrafte, …

- … hielt er an seinem Versprechen fest, einen Befreier durch die Nachkommen Israels zu senden.

1Mo 28,14

Die Israeliten lehnten Gott als ihren König ab; Gott gab ihnen irdische Könige.

Die Israeliten waren nicht damit zufrieden, Gott als ihren König zu haben.

Sie wollten einen Mann als ihren König haben, wie die Nationen um sie herum.

Also gingen sie zu Samuel, dem letzten und größten Richter Israels.

1Sam 8,5 Sie baten Samuel, ihnen einen König zu geben.

 Lesen Sie 1. Samuel 8,6-7

Gott setzte Saul als Israels ersten König ein.

Als Saul von Samuel zum König gesalbt wurde, kam der Heilige Geist auf Saul, um ihn zu befähigen, über Israel zu herrschen.

 Lesen Sie 1. Samuel 10,6

Saul rebellierte aber gegen Gottes Gesetze, woraufhin Gott das Amt des Königs wieder von ihm nahm.

 Lesen Sie 1. Samuel 13,13-14

Gott setzte David als König ein.

David war anders als Saul.

- David glaubte und gehorchte Gott.

Apg 13,22 - David stimmte mit Gott überein, dass er ein Sünder war.

- Er brachte die Blutopfer, die Gott verlangte.

- Gott nahm David an, weil David ihm vertraute.

Als Samuel David zum König salbte, kam der Heilige Geist auf David, um ihn zum Regieren zu befähigen.

 Lesen Sie 1. Samuel 16,13-14

Bedenken Sie

Zur Zeit des Alten Testaments befähigte Gott, der Heilige Geist, einzelne Menschen dazu, Gottes Werk zu tun. Konkret hieß das unter anderem, dass der Geist diese Menschen dazu befähigte, Gottes Worte zu sprechen und aufzuschreiben, die Israeliten zu führen und zu richten und Israels Feinde zu bekämpfen und zu besiegen.

Gott versprach David, dass einer seiner Nachkommen der Befreier sein würde.

 Lesen Sie 2. Samuel 7,12-13

Als David starb, wurde sein Sohn Salomo zum König Israels.

Salomo baute den Tempel in Jerusalem.

 Lesen Sie 2. Chronik 1,18; 5,1

Bildvorschlag: Bild Nr. 43
„Salomos Tempel"

- Der innere Teil des Tempels war wie die Stiftshütte.

- Im ersten Raum, der „das Heilige" genannt wurde, standen der Leuchter, der Schaubrotetisch und der Rauchopferaltar.

- Der zweite Raum, der „das Allerheiligste" genannt wurde, war vom Heiligen durch einen dicken Vorhang getrennt.

- Gott wohnte im Allerheiligsten.

Einmal im Jahr brachte der Hohepriester ein Blutopfer in das Allerheiligste und sprengte das Blut auf den Sühnedeckel. 3Mo 16,2.30-34

- Das war das einzige Mal im Jahr, dass jemand in den inneren Raum gehen durfte.

- Wenn sonst jemand zu irgendeiner Zeit hineingegangen wäre, hätte Gott diese Person sofort getötet.

Nach Salomos Tod wurde das Königreich Israels in zwei Teile geteilt.

Das nördliche Königreich – Israel – wählte seinen eigenen König anstelle von Salomos Sohn. 1Kö 12,18-20

Das südliche Königreich – Juda – folgte weiter den Königen, die von David und Salomo abstammten.

Kein König Israels folgte dem Herrn.

Nur wenige Könige Judas gehorchten dem Herrn.

Zum größten Teil beteten die Menschen in beiden Königreichen Götzen an und folgten den bösen Wegen der Nationen um sie herum.

Gott sandte Propheten, um Israel, Juda und die benachbarten Nationen zu warnen.

Gott hat von Anfang an Propheten erwählt, um die Menschen vor ihren eigenen Sünden zu warnen und ihnen Gottes Urteil darüber mitzuteilen. Jud 14-15

Gott, der Heilige Geist, kam zu diesen Männern und befähigte sie, Gottes Worte zu hören, zu verstehen und auszusprechen.

Gott sandte seine Propheten zu Israel und Juda.

Einige Bücher der Bibel sind nach diesen Propheten benannt, wie z. B. Jesaja, Jeremia, Hesekiel und Daniel.

Diese Männer und viele andere Propheten sagten den Juden, dass sie Buße tun, ihre Götzen zerstören und nur dem Herrn vertrauen sollten.

- Der Herr warnte die Israeliten, dass er den Assyrern erlauben würde, sie zu besiegen, wenn Israel nicht umkehrte. Jes 10,5-6

- Und er warnte Juda, dass er den Babyloniern erlauben würde, Jerusalem zu zerstören und das Volk in Gefangenschaft zu führen, wenn Juda nicht umkehrte. Jer 20,5

Gott sandte auch Propheten zu einigen benachbarten Nationen, um diese zu warnen, dass er ihre Sünden bald richten würde. Jon

Durch seine Propheten gab Gott auch Botschaften über den kommenden Befreier bekannt.

Im Garten Eden gab Gott seine erste Verheißung über den kommenden Befreier. 1Mo 3,15

Im Laufe der Jahre offenbarte Gott durch seine Propheten weitere Einzelheiten über den Erretter.

Obwohl viele Hunderte von Jahren vergangen waren, hat Gott nicht eine seiner Verheißungen vergessen.

Zeigen Sie die Tabelle „Was Gott über den Befreier voraussagte".

Jedes dieser Versprechen wurde Hunderte von Jahren vor Jesu Kommen auf die Erde gegeben.

Israel lehnte Gottes Propheten ab.

Die Mehrheit der Israeliten weigerte sich, auf Gottes Botschaften zu hören.

- Sie weigerten sich, Gottes Warnungen ernst zu nehmen.

Mt 23,37
- Sie verfolgten und töteten Gottes Propheten.

Bildvorschlag: Bild Nr. 46
„Die Ablehnung der Propheten"

- Sie beteten weiterhin Götzen an.
- Sie lebten wie die gottlosen Nationen um sie herum.

Dennoch gingen sie weiterhin in den Tempel.

Jes 29,13
- Sie brachten Opfer und gaben nach außen hin den Anschein, Gott anzubeten.
- Aber in ihren Herzen vertrauten und liebten sie Gott nicht.
- Deshalb wurde ihre Anbetung nicht von Gott angenommen.

Aber es gab immer einige wenige Juden, die Gott glaubten.

- Sie sahen ein, dass sie Sünder waren, und bekannten ihre Verlorenheit vor Gott.

1Kö 19,18
Lk 1,68-
79; 2,25-
32.36-38
- Sie verließen sich ganz auf Gott und glaubten an seine Barmherzigkeit und Vergebung.
- Sie vertrauten ihm, dass er den verheißenen Befreier senden würde.

Gott richtete Israel und Juda.

Jer 32,30-
35
Weil das Volk Israel sich weigerte, zu glauben und umzukehren, ließ Gott es zu, dass seine Feinde es besiegten.

2Kö 17,1-8
- Die Assyrer besiegten die zehn nördlichen Stämme.

2Chr
36,15-21
- Sie führten sie als Gefangene fort.

Jer 52,1-
30
- Die Menschen Judas und Jerusalems weigerten sich ebenfalls umzukehren; also ließ Gott es zu, dass die Babylonier sie besiegten.

Bildvorschlag: Bild Nr. 47
„Die Zerstörung Jerusalems"

- Die Babylonier zerstörten die Mauern Jerusalems.
- Sie zerstörten den Tempel, den Salomo hatte bauen lassen.
- Und sie führten den größten Teil des Volkes nach Babylon in die Gefangenschaft.

Gott brachte einige der Vertriebenen aus Babylon zurück.

[1] Die Ereignisse der Rückkehr aus dem Exil sind in den Büchern Esra und Nehemia zu lesen.

Nach 70 Jahren ließ der Herr viele der Israeliten nach Jerusalem zurückkehren. [1]

Bildvorschlag: Bild Nr. 48
„Der Wiederaufbau des Tempels"

- Das Volk baute die Stadt und ihre Schutzmauer wieder auf.

- Das Volk baute auch den Tempel des Herrn wieder auf.

Zu dieser Zeit wurden die Israeliten zum ersten Mal *Juden* genannt.

Die Griechen und die Römer besiegten und unterdrückten die Juden.

[2] Griechenland erlebte um etwa 400 v. Chr. eine Blütezeit. Israel kam etwa 330 v. Chr. unter die Herrschaft Alexanders des Großen.

[3] Im Jahr 63 v. Chr. kam Israel unter römische Herrschaft. Rom beherrschte Israel bis zum Fall Roms im Jahr 476 n. Chr.

Obwohl einige Juden wieder in Jerusalem waren, hieß das nicht, dass sie keine Probleme mehr hatten.

- Zuerst wurden sie von den Griechen besiegt. [2]

- Dann besiegten die Römer die Griechen und herrschten über die Juden. [3]

Bildvorschlag: Bild Nr. 49
„Römische Herrschaft"

Viele Juden wurden grausam bestraft.

- Einige starben durch das Schwert.

- Andere wurden gekreuzigt.

- Das Volk wurde sehr stark besteuert.

Es war eine Zeit großer Traurigkeit für das jüdische Volk.

- Viele wurden in entfernte Länder verstreut.

- Historiker nennen diese Zeit *Diaspora* oder die *Vertreibung der Juden.*

Aber es nahte die Zeit, in der sich die ganze Menschheitsgeschichte verändern sollte.

Gott war kurz davor, den Befreier zu senden – Jesus Christus, unseren Retter und Herrn.

Fazit

Israel war Gott untreu gewesen.

Aber Gott ist immer treu.

- Der Befreier stand kurz vor seinem Kommen – nicht als König, sondern als ein Baby.

- Der allmächtige Gott war dabei, vom Himmel zu kommen, um Mensch zu werden und unter den Menschen zu leben.

Die Propheten, die Jesu Geburt vorausgesagt hatten, wurden gefoltert und getötet.

Aber Gott hielt dennoch sein Versprechen.

Gal 4,4   Jesus kam – genau zu der Zeit, die Gott bestimmt hatte.

Was für einen treuen, gnädigen Gott wir haben!

Lassen Sie uns ihm danken, dass wir die Botschaft von Jesu Kommen – und seine Botschaft der Errettung – gehört haben.

Fragen

1. Gott ließ Wasser aus einem Felsen in der Wüste fließen. Wer ist unser Fels und die Quelle lebendigen Wassers?

_____

_____

_____

2. Wie erinnert uns die bronzene Schlange an Jesus Christus?

_____

_____

_____

3. Nach dem Tod Josuas erwählte Gott Menschen, die _Richter_ genannt wurden, um die Israeliten zu führen. Wer befähigte die Richter dazu, Israel von seinen Feinden zu befreien?

_____

_____

_____

_____

_____

4. Wer kam zu Saul, dem ersten König Israels, um ihn zu befähigen, das Volk zu führen?

_____

_____

_____

5. Was tat Gott, der Heilige Geist, als David an der Stelle Sauls zum König gesalbt wurde?

_____

_____

_____

6. Gottes Propheten warnten Israel und Juda, dass sie umkehren müssten, und erzählten ihnen auch vom kommenden Befreier. Wie nahm Gottes Volk die Propheten und ihre Botschaften auf?

_____

_____

_____

_____

◍◍ Anmerkungen für Nachfolger

1. Das Alte Testament enthält historische Berichte, wunderschöne Poesie und Worte der Weisheit, die das Wesen und die Eigenschaften Gottes offenbaren. Gleichzeitig zeigt es klar und deutlich die Bedürftigkeit des Menschen auf, der einen Erretter braucht. Es blickt auf die Menschwerdung Jesu Christi voraus.

   Als jemand, der an Christus glaubt, werden Sie viel vom Lesen des Alten und des Neuen Testaments profitieren. Beide sind von Gott inspiriert. Gottes Wesen und Eigenschaften haben sich nicht verändert. Ebenso wenig das Wesen und die Eigenschaften des Menschen, zumindest solange er nicht in Jesus Christus von Neuem geboren wurde!

   Die Psalmen sind eine großartige Quelle der Ermutigung. Vielleicht möchten Sie jeden Tag zusätzlich zu Ihrer Lektüre des Neuen Testaments einen Psalm lesen.

   Erinnern Sie sich an den Kontext dessen, was Sie lesen. Die Psalmen wurden vor dem Kommen Jesu geschrieben. Die Israeliten waren immer noch unter dem Gesetz. Die meisten Psalmen wurden von Menschen geschrieben, die Leid ertragen mussten. König David schrieb viele Psalmen, als er vom eifersüchtigen König Saul verfolgt wurde. (Aufgrund der Rebellion Sauls erwählte Gott David, um an Sauls Stelle König zu sein.)

   Viele Psalmen offenbaren Gottes Eigenschaften. Vielleicht möchten Sie sich beim Lesen einige Notizen dazu machen.

2. Notieren Sie sich weitere Gebetsanliegen und Gebetserhörungen. Denken Sie daran, dass die Zeit, in der Sie auf eine Antwort warten, eine gute Zeit ist, Glauben einzuüben!

Anmerkungen für Nachfolger sind freiwillige Aktivitäten, die Sie den Kursteilnehmern für ihr persönliches geistliches Leben anbieten können. Sie sind nicht als Hausaufgaben gedacht, sondern als Angebot für diejenigen, die im Glauben wachsen möchten.

Ermutigen Sie die Teilnehmer, sich mit diesen Aufgaben zu beschäftigen, aber setzen Sie sie nicht unter Druck.

Wenn Sie am Ende der Lektion noch Zeit haben, bietet sich vielleicht die Möglichkeit, dass einige der Teilnehmer von ihren persönlichen Studien erzählen.

Was Gott über den Befreier voraussagte

Jesaja 9,5-6	Nachkomme Davids
Jesaja 7,14	von einer Jungfrau geboren
Micha 5,1	in Bethlehem geboren
Hosea 11,1	Flucht nach Ägypten
Jesaja 11,2	charakteristische Wesenszüge
Jesaja 53,4-5	leidet für andere
Psalm 41,10	durch einen Freund verraten
Sacharja 11,12-13	für 30 Silberstücke verkauft
Psalm 27,12	falsch beschuldigt
Jesaja 50,6	geschlagen und angespien
Jesaja 53,7	schweigt bei der Anklage
Jesaja 53,3	verachtet und verlassen
Psalm 69,5	ohne Grund gehasst
Psalm 22,17	Hände und Füße durchbohrt
Psalm 22,19	um seine Kleidung gelost
Jesaja 53,12	stirbt mit den Verbrechern
Psalm 22,7-8	verspottet und verachtet
Jesaja 53,9	bei den Reichen begraben
Psalm 16,10	steht von den Toten auf
Psalm 68,19	kehrt in die Himmelswelt zurück

Das Leben Jesu

Bibelabschnitte: Matthäus 1,18-25; 3,1-2.5-6.11-16; 4,1; Markus 1,34; 3,13-19.22;
14,1.10-11; Lukas 1,15.34-35.76; 4,14-19; Johannes 11,41-44

Lektionsziele

- das Wirken des Heiligen Geistes im Leben Jesu Christi zu zeigen;

- Gottes Treue im Halten seiner Versprechen zu zeigen;

- zu zeigen, dass Jesu Wunder beweisen, dass er sowohl Gott als auch der verheißene Befreier ist.

Diese Lektion soll den Kursteilnehmern helfen

- zu erkennen und wertzuschätzen, wie der Heilige Geist wirkt;

- zu sehen, wie Jesus die Worte erfüllte, die der Prophet Jesaja über ihn geschrieben hatte.

⚡ Überblick

Diese Lektion betont Jesu Wirken in der Kraft des Heiligen Geistes. Dieses Thema soll die Kursteilnehmer auf zukünftige Lektionen über den Dienst des Heiligen Geistes in der Apostelgeschichte vorbereiten.

Die Lektion beginnt mit der Ankündigung der Geburt Johannes' des Täufers und der Geburt Jesu. Sie endet mit Judas' Verrat an Jesus.

Es wird gezeigt, dass Jesus siegreich über die Versuchungen Satans war, und betrachtet, wie Jesus seinen Dienst ankündigte, der im Buch Jesaja vorausgesagt wurde.

Zusatzinformationen für den Kursleiter

Jeden Tag findet man in den Nachrichten Berichte über Menschen, die darum kämpfen, an die Macht zu kommen. Der Mensch sucht ständig Reichtum, Ruhm, Eigentum, Land und Macht.

Wenn wir die Menschheitsgeschichte betrachten, dann sehen wir aber, dass selbst die mächtigsten und reichsten Menschen starben. Und die Bibel sagt uns, dass wir nichts von unserem irdischen Ruhm oder Vermögen mit ins Grab nehmen können.

Jesus Christus kam in der Kraft des Heiligen Geistes. Gott war hier auf der Erde und konnte alles tun, was er wollte. Aber was wollte er? Ruhm? Reichtum? Eigentum? Land? Satan bot ihm all das an, aber Jesus lehnte ab.

Nein, Jesus hat seine Macht nicht ausgeübt, um einen irdischen Sieg zu erringen, sondern einen himmlischen Sieg. Wie hat er seine Macht gezeigt? Indem er Anerkennung bei den Reichen und Einflussreichen suchte? Indem er hier auf der Erde eine neue Regierung einsetzte? Nein. Er heilte die Kranken, öffnete die Augen der Blinden, zeigte Mitgefühl und Liebe, lehrte klar das Wort Gottes und erfüllte jede Verheißung über sein Kommen.

Er demütigte sich bis aufs Äußerste und starb für unsere Sünden am Kreuz. Auf diese Weise besiegte er die größten Feinde des Menschen: Satan, die Sünde und den Tod. Gott hat Jesus deshalb alle Macht im Himmel und auf Erden gegeben. Was für ein Segen, IHM anzugehören – zu wissen, dass wir jetzt und für immer unter seiner Macht und Autorität sind!

Anschauungsmaterial

- Bild Nr. 50: „Zacharias im Tempel"
- Bild Nr. 51: „Gabriel erscheint Maria"
- Bild Nr. 53: „Ein Engel spricht zu Josef"
- Bild Nr. 61: „Jesus in der Wüste"
- Bild Nr. 62: „Jesus lehrt in der Synagoge"
- Bild Nr. 66: „Jesus und die zwölf Jünger"
- Landkarte 1

Lektionsentwurf

Wiederholung der Fragen aus Lektion 10.

⇥ Einleitung

Das jüdische Volk wollte jemanden, der es von den Römern befreien würde.

Aber Gott sandte den Juden jemanden, der sowohl sie als auch uns von der Sünde, Satan und dem Tod befreien konnte.

Gott erwählte Johannes, um den Weg für den Befreier vorzubereiten.

Lk 1,5-25   Bevor Jesus geboren wurde, schenkte Gott Zacharias und Elisabeth in ihrem hohen Alter einen Sohn.

Bildvorschlag: Bild Nr. 50
„Zacharias im Tempel"

- Gott gab Zacharias die Offenbarung, dass dieser Sohn – Johannes – Gottes Prophet sein würde, der das Volk Israel darauf vorbereiten sollte, Jesus zu empfangen.

- Um Johannes auf diese gottgegebene Aufgabe vorzubereiten, wurde er schon vor seiner Geburt von Gott, dem Heiligen Geist, erfüllt.

  ✝ **Lesen Sie Lukas 1,15**

Als Johannes geboren wurde, gab Gott, der Heilige Geist, dem Zacharias diese Botschaft über seinen Sohn:

  ✝ **Lesen Sie Lukas 1,76**

Jesus Christus, der Sohn Gottes, wurde geboren.

Lk 1,26   Im sechsten Monat der Schwangerschaft Elisabeths sandte Gott einen Engel zu einer Jungfrau namens Maria.

Bildvorschlag: Bild Nr. 51
„Gabriel erscheint Maria"

- Maria war Elisabeths Cousine. Lk 1,36

- Maria war mit einem Mann namens Josef verlobt. Lk 1,27

Der Engel sagte Maria, dass sie einen Sohn gebären würde, der *Jesus* heißen sollte.

Wie war es Maria als einer Jungfrau möglich, ein Kind zu bekommen, das keinen leiblichen Vater hatte?

📖 **Lesen Sie Lukas 1,34-35**

Gott, der Heilige Geist, würde dieses Wunder bewirken.

Gott wusste, dass Josef ebenfalls von diesem Wunder erfahren musste.

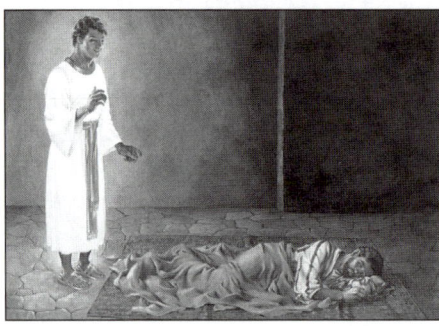

Bildvorschlag: Bild Nr. 53
„Ein Engel spricht zu Josef"

Der Engel des Herrn erschien Josef im Traum.

📖 **Lesen Sie Matthäus 1,18-25**

Jesus Christus wurde sechs Monate nach Johannes´ Geburt geboren. Lk 1,26

Aber Jesu Geburt war anders als jede andere Geburt.

- Jesus hatte keinen irdischen Vater.

- Jesus war der Sohn Gottes. Lk 1,32

Johannes lehrte, dass das Volk in Erwartung des kommenden Befreiers Buße tun und getauft werden müsse.

Gott sandte Johannes, um die Israeliten für den Dienst Jesu Christi bereit zu machen.

Johannes lehrte das Volk Folgendes:

- Die Juden mussten Gottes Urteil anerkennen, dass sie Sünder waren und Gottes Gericht verdienten. Lk 3,3-4

- Sie mussten Gott darin zustimmen, dass sie den Befreier brauchten.

📖 **Lesen Sie Matthäus 3,1-2.5-6**

Diejenigen, die Buße taten, wurden von Johannes getauft.

Das sollte Folgendes zeigen:

- Sie bestätigten Gottes Urteil über ihre Sünde.

- Sie wussten, dass sie es verdient hatten, zu sterben.

Johannes lehrte sehr deutlich, dass

- der kommende Retter viel bedeutender als Johannes sei;

- der Retter Größeres als Johannes tun würde.

Johannes sagte, dass der verheißene Retter die Menschen mit dem Heiligen Geist taufen werde.

📖 **Lesen Sie Matthäus 3,11**

Johannes wollte damit sagen, dass Jesus den Heiligen Geist auf all diejenigen ausgießen würde, die Christus annehmen und ihm vertrauen werden.

Jesus würde auch diejenigen, die ihn ablehnten, von denjenigen trennen, die an ihn glaubten.

Die ewige Verdammnis wartet auf die, die ihn ablehnen.

 Lesen Sie Matthäus 3,12

 Bedenken Sie

Das Bild, das hier verwendet wurde, ist das Trennen des Weizens (der lebende Keim, der bewahrt werden sollte) von der Spreu (die tote Hülse, die verbrannt werden sollte). Dieser Prozess war den Menschen, zu denen Johannes sprach, sehr vertraut.

Jesus wurde getauft.

Mt 2,23 Jesus wuchs in der Stadt Nazareth auf.   Zeigen Sie Nazareth auf der Landkarte 1

Lk 3,23 Als er etwa dreißig Jahre alt war, kam Jesus zu Johannes dem Täufer, um getauft zu werden.

- Johannes hatte Menschen in Vorbereitung auf Jesu Kommen schon gelehrt und getauft.
- Die Menschen ließen sich taufen, weil sie einsahen, dass sie Sünder waren.

Aber Jesus hatte niemals gesündigt.

Hebr 4,15 Warum wollte er dann getauft werden?

 Lesen Sie Matthäus 3,13-15

- Jesus wollte zeigen, dass der Dienst Johannes' des Täufers wirklich von Gott war.
- Und er wollte sich mit uns Sündern identifizieren, für die er kam, um zu sterben.

Als Jesus nach seiner Taufe aus dem Wasser herauskam, kam der Heilige Geist auf ihn nieder.

 Lesen Sie Matthäus 3,16

 Bedenken Sie

Jesus ist Gott. Er war mit dem Heiligen Geist immer eins.

Aber Gott, der Heilige Geist, kam auf sichtbare Weise auf ihn nieder, um ihn als Messias zu identifizieren.

Jesus würde in der Kraft des Heiligen Geistes lehren und den Willen seines Vaters hier auf der Erde tun.

Jesus widerstand den Versuchungen Satans.

Nach Jesu Taufe führte der Heilige Geist ihn in die Wüste, damit der Satan ihn prüfte.

Bildvorschlag: Bild Nr. 61
„Jesus in der Wüste"

✝ **Lesen Sie Matthäus 4,1**

Der erste Mensch, Adam, hörte auf Satan.

- Adam war Gott ungehorsam.

- Weil Adam ungehorsam war, wurde die ganze Welt unter die Macht Satans, der Sünde und des Todes gestellt. *Röm 5,15-21*

Aber der Herr Jesus, der Sohn Gottes, widersetzte sich den Versuchungen Satans.

- Jesus Christus gehorchte immer seinem himmlischen Vater. *Joh 5,30*

- Jesus weigerte sich, jeglicher Versuchung Satans nachzugeben. *Joh 8,28-29*

Weil der Herr Jesus gehorsam war, hat Satan keine Macht über und kein Anrecht auf diejenigen von uns, die an Jesus Christus glauben. *Hebr 5,7-9*

- Wir brauchen uns nicht vor Satan oder seinen Dämonen zu fürchten. *Röm 8,37-39*

- Wir sind in der Familie Gottes geborgen.

Jesus erklärte seinen Dienst und den Grund für sein Kommen.

Zeigen Sie Galiläa auf der Landkarte 1

Nachdem Jesus allen Versuchungen Satans widerstanden hatte, ging er zurück nach Galiläa, um in den Synagogen zu lehren.

✝ **Lesen Sie Lukas 4,14-15**

Die Synagogen waren die religiösen Versammlungsorte der Juden.

Zeigen Sie Jerusalem auf der Landkarte 1

- Der Tempel war in Jerusalem.

- Die Juden waren in viele entfernte Städte verstreut.

- Sie bauten örtliche Synagogen, wo sie sich versammeln und Gottes Gesetz studieren konnten.

Zeigen sie Galiläa auf der Landkarte 1

Als Jesus in Galiläa war, ging er zurück nach Nazareth, seiner Heimatstadt.

Er ging in die Synagoge und las dort aus dem Buch des Propheten Jesaja vor.

Bildvorschlag: Bild Nr. 62
„Jesus lehrt in der Synagoge"

✝ **Lesen Sie Lukas 4,16**

Bitten Sie die Kursteilnehmer, Jesaja 61,1-2 aufzuschlagen, damit sie diese Bibelstelle vor Augen haben, wenn Sie aus Lukas vorlesen.

- Er öffnete die Schriftrolle, um die Worte zu lesen, die in unseren Bibeln unter Jesaja 61,1-2 stehen.

    Er wählte diese Verse, weil sie Verheißungen über ihn selbst waren.

    Die Juden glaubten, dass diese Worte Jesajas von dem Befreier erfüllt würden.

    Aber sie glaubten nicht, dass Jesus, den sie von klein auf kannten, der verheißene Befreier Gottes war.

✝ **Lesen Sie Lukas 4,17-19**

Lassen Sie uns diese Verse näher betrachten:

- In Lukas 4,18 las Jesus: *„Der Geist des Herrn ruht auf mir ..."*

    Jesus lehrte das Volk in der Kraft des Heiligen Geistes.

- Jesus las weiter: „.... *weil er mich gesalbt hat. Er hat mich gesandt, den Armen gute Botschaft zu bringen ...*"

Mt 5,3
Das bezieht sich nicht auf diejenigen, die finanziell arm sind.

Gott möchte, dass alle Menschen – Arm und Reich – erkennen, dass sie geistlich arm sind.

Röm 3,20-28
Wir haben nichts, was wir Gott als Zahlung für unsere Sünden geben könnten.

Jesus kam, um denjenigen, die ihre geistliche Armut vor Gott erkennen, die gute Botschaft des ewigen Lebens anzubieten.

Eph 2,8
Die Gabe des ewigen Lebens kann nur durch den Glauben empfangen werden.

- Gott sandte Jesus auch, um „*... zerbrochene Herzen zu verbinden ...*"

Ps 51,19
Jes 57,15
Hier sprach Jesus die Menschen an, die innerlich zerbrochen sind, weil ihnen bewusst wurde, dass sich ihre Sündhaftigkeit gegen Gott selbst richtet.

Er bezog sich auf diejenigen, die erkannt hatten, wie sehr sie in Schuld verstrickt sind und dass sie ohne einen Retter von der Sklaverei der Sünde nie frei werden könnten.

- Jesus fuhr fort und las, dass Gott ihn gesandt hatte, um „*... den Gefangenen ihre Freilassung zu verkünden ...*"

Wir waren einst in der Gefangenschaft Satans, aber jetzt sind wir frei in Christus.

Hebr 2,14-15
Mit Ausnahme derjenigen, die an Jesus Christus glauben, sind alle Menschen, überall auf der Welt, in der Gefangenschaft Satans.

Satan hält sich die Menschen als Sklaven zur Sünde.

Aber Jesus kam, um Menschen freizusetzen.

Röm 6,6-7
Wer bekennt, dass er ein Sklave der Sünde ist und allein auf Jesus Christus als Befreier vertraut, den setzt Jesus für immer frei.

- Dann las Jesus, dass der Befreier gesandt wurde, um „*... den Blinden zu sagen, dass sie sehend werden ...*"

Satan nahm nicht nur alle Menschen gefangen, er verblendete sie auch.

✝ **Lesen Sie 2. Korinther 4,4**

2Kor 4,6
Joh 14,6
Er füllte die Gedanken der Menschen mit Lügen, damit sie Gottes Wahrheit nicht annehmen konnten.

Aber der Herr Jesus kam, um Licht und Verständnis zu bringen.

Durch ihn können die Menschen die Wahrheit über sich selbst und über Gott sehen.

Jesus kam, um diejenigen, die sich eingestehen, dass sie von Satan blind gemacht wurden, geistlich sehend zu machen.

- Jesus las weiter, dass der Befreier kommen würde, um „*... den Unterdrückten die Freiheit zu bringen ...*"

Satan ist ein grausamer Dienstherr.

Joh 8,44
Hebr 2,14-15
Er ist ein Mörder, der den Wunsch hat, jeden Menschen zu töten.

Diejenigen, die ihm folgen, sind mit Leid und Furcht erfüllt.

Aber Jesus kam, um den Menschen Freiheit von Satans grausamem Umgang mit ihnen zu bringen.

- Schließlich las Jesus, dass der Befreier kommen würde, um „*... ein Jahr der Gnade des Herrn auszurufen*".

Jesus kündigte damit an, dass die Zeit gekommen war, in der die Freiheit in

Christus allen angeboten wird, die unter der Knechtschaft Satans waren.

Er verglich das mit dem jüdischen Jubeljahr.

Gott hatte den Israeliten geboten, dass alle 50 Jahre

- alle jüdischen Sklaven freigelassen werden sollten,

- alles Land, das verkauft worden war, an die ursprünglichen Eigentümer zurückgegeben werden sollte,

- alle Schulden erlassen werden sollten.

3Mo 25,18-55

Es war immer ein Jahr großer Freude.

Aber Jesus kündigte etwas noch Größeres an.

- Er war gekommen, um alle zu befreien, die Sklaven Satans waren.

- Er wollte eines jeden Sündenschuld in voller Höhe bezahlen.

- Alle, die an ihn glauben, würden von der ewigen Strafe vollkommen befreit werden und ewiges Leben bekommen.

Hebr 9,15.26-27

Jesus tat Wunder.

Jesus zeigte, dass er der Befreier ist, indem er Wunder tat, die kein Mensch jemals getan hatte.

✝ **Lesen Sie Markus 1,34**

- Jesus befreite Menschen von bösen Geistern.

    Jesus befahl den Geistern, aus einem Menschen auszufahren, den sie quälten.

    Die bösen Geister gehorchten ihm.

- Jesus heilte die Kranken.

- Er machte die Lahmen gehend.

- Er machte die Blinden sehend.

- Er machte sogar die Toten lebendig.

    Lazarus beispielsweise war schon vier Tage lang tot. Er wurde in einer Höhle begraben, vor dessen Eingang ein großer Stein platziert worden war. Jesus sagte den Menschen, dass sie den Stein vom Eingang wegschaffen sollten.

✝ **Lesen Sie Johannes 11,41-44**

Diese und noch viele weitere Wunder tat Jesus in der Kraft des Heiligen Geistes.

Jesus bewies, dass er in der Tat Gott, der Sohn, ist – der verheißene Befreier.

Jesus erwählte zwölf Jünger.

Von den Menschen, die ihm nachfolgten, erwählte der Herr Jesus zwölf Männer als seine Jünger.

Bildvorschlag: Bild Nr. 66 „Jesus und die zwölf Jünger"

✝ **Lesen Sie Markus 3,13-19**

- Diese Männer begleiteten Jesus während seiner drei Jahre des Lehrens und Dienens hier auf der Erde.

- Jesus lehrte und bereitete seine Jünger vor, damit sie sein Wort anderen lehren und sein Werk hier auf der Erde tun konnten.

- Nachdem Jesus in den Himmel zurückgekehrt war, wurden außer Judas alle diese Männer zu den Leitern derer, die an Christus glaubten.

Die jüdischen Führer lehnten Jesus ab.

Einige Juden glaubten an Jesus Christus.

Unter den Gläubigen befanden sich Menschen, deren Herzen durch die Botschaften Johannes' des Täufers vorbereitet worden waren.

Aber die Hauptführer der Juden weigerten sich, zu glauben, dass Jesus der verheißene Befreier war.

- Sie waren eifersüchtig auf ihn.

Mk 15,10

Mt 12,22-24

- Sie behaupteten, dass seine Wunder in der Kraft Satans getan worden wären.

 Lesen Sie Markus 3,22

Die jüdischen Führer lehnten *den* ab, den Gott ihren Vorvätern Abraham, Isaak, Jakob und David verheißen hatte.

Statt ihren Messias und Befreier willkommen zu heißen, schmiedeten sie Pläne, wie sie Jesus festnehmen und töten könnten.

 Lesen Sie Markus 14,1

Wen gebrauchte Satan, um diesen bösen Plan auszuführen?

Judas, einer der zwölf erwählten Jünger Jesu, wurde zum Verräter des Herrn.

 Lesen Sie Markus 14,10-11

Fazit

Das Kommen Jesu Christi war der Wendepunkt der Menschheitsgeschichte.

- Im Alten Testament haben wir gesehen, dass Gott versprochen hatte, Jesus zu senden, und dass er für sein Kommen alle Vorbereitungen getroffen hatte.

- Alle Propheten wiesen auf Christus hin.

- Als er kam, zeigte Gott deutlich durch den Heiligen Geist, dass Jesus tatsächlich der verheißene Retter war.

Aber die jüdischen Führer, die Gottes Verheißungen kannten und lehrten, waren eifersüchtig auf Jesus.

- Sie weigerten sich, seine Gottheit anzuerkennen.

- Sie lehnten ihn als ihren Messias ab.

- Sie brachten einen seiner Jünger dazu, ihn zu verraten.

Aber Jesus kam, um verlorene Sünder zu suchen und zu retten, und *nichts* würde ihn von diesem Ziel abbringen.

Lassen Sie uns unserem Herrn dafür danken, dass er uns gesucht und errettet hat!

Fragen

1. Die Bibel sagt uns, dass Johannes der Täufer sogar vor seiner Geburt vom Heiligen Geist erfüllt war. Zu welchem Dienst würde Gott Johannes den Täufer durch den Heiligen Geist befähigen?

2. Als der Engel zu Maria kam, um anzukündigen, dass sie die Mutter von Jesus sein würde, fragte Maria, wie das möglich sei, da sie eine Jungfrau war. Was sagt die Bibel in Lukas 1, wie der Engel ihr antwortete?

3. Was geschah, als Jesus bei seiner Taufe aus dem Wasser herauskam?

4. Wer führte Jesus in die Wüste, damit er von Satan versucht werde?

5. Adam gab der Versuchung Satans nach, aber Jesus weigerte sich, ihr nachzugeben. Müssen wir uns als Gläubige vor Satan fürchten?

6. Jesus las aus dem Propheten Jesaja vor, dass er gekommen war, um „den Gefangenen ihre Freilassung zu verkünden". Was meinte er damit?

7. Jesus bewirkte viele Wunder in der Kraft des Heiligen Geistes. Was zeigte er den Menschen damit über sich selbst?

8. Warum verschworen sich die jüdischen Führer, Jesus zu töten?

9. Wer ließ sich dazu bewegen, Jesus an seine Feinde zu verraten?

👣 Anmerkungen für Nachfolger

1. Sehen Sie sich in Lukas 4,17-19 noch einmal genau die Worte an, die Jesus aus dem Propheten Jesaja las. Als Jesus kam, hat er es sich nicht leicht gemacht. Welcher Art von Menschen hat er gedient? Niedergeschlagenen, Gefangenen, Blinden, Unterdrückten ... - Menschen, die in dieser Welt als „hoffnungslose Fälle" angesehen werden. Jesus kümmerte sich nicht nur um die physischen Bedürfnisse, sondern auch um die tiefen Herzensanliegen der Menschen.

   Kennen Sie jemanden, für den es scheinbar keine Hilfe gibt? Oder haben Sie vielleicht selbst als Kind Gottes schon gedacht, dass einige Ihrer Probleme sogar für den Herrn einfach zu schwer sind? (Die meisten von uns würden das nicht so sagen, aber manchmal denken wir so!)

   Dem Schöpfer des Universums mangelt es nicht an Kraft. Er kennt unsere tiefsten Bedürfnisse. Er schuf unsere Sinne und Gefühle. Vertrauen Sie ihm – für Ihre eigenen Bedürfnisse und für die Bedürfnisse anderer.

   Jesu Jünger oder „Schüler" reisten mit ihm. Er lehrte große Menschenmengen; oft lehrte er auch nur seine Jünger.

2. Wie ist es mit uns? Wir haben seinen Geist, der in uns lebt. Er ist immer mit uns und in uns. Wie „hören" und lernen wir von ihm? Indem wir aus seinem Wort gelehrt werden und indem wir sein Wort lesen und darüber nachsinnen.

Anmerkungen für Nachfolger sind freiwillige Aktivitäten, die Sie den Kursteilnehmern für ihr persönliches geistliches Leben anbieten können. Sie sind nicht als Hausaufgaben gedacht, sondern als Angebot für diejenigen, die im Glauben wachsen möchten.

Ermutigen Sie die Teilnehmer, sich mit diesen Aufgaben zu beschäftigen, aber setzen Sie sie nicht unter Druck.

Wenn Sie am Ende der Lektion noch Zeit haben, bietet sich vielleicht die Möglichkeit, dass einige der Teilnehmer von ihren persönlichen Studien erzählen.

Der andere Beistand

Bibelabschnitte: Markus 14,12-16.22-24; Johannes 14,1-3.16-17.26; 16,6-15

Lektionsziele

- zu zeigen, dass der Heilige Geist in den Gläubigen wohnt;
- den Dienst des Heiligen Geistes zu erklären.

Diese Lektion soll den Kursteilnehmern helfen

- auf die stets gegenwärtige Hilfe des Heiligen Geistes zu vertrauen;
- das wertzuschätzen, was Jesus Christus für jeden Gläubigen getan hat;
- das Buch der Apostelgeschichte zu verstehen, wenn es später gelehrt wird.

⤭ Überblick

Diese Lektion konzentriert sich auf Jesu Verheißung, den Heiligen Geist zu senden, um in den Gläubigen zu wohnen.

Diese Lektion belehrt über den Dienst des Heiligen Geistes, wie der Herr Jesus ihn im Johannesevangelium beschrieben hat.

Kurz behandelt werden auch:

- Jesu Verheißung, eine himmlische Stätte für Gläubige zu bereiten.
- Jesu Verheißung wiederzukommen, um alle Gläubigen in den Himmel zu holen.

Zusatzinformationen für den Kursleiter

Überall, wo Jesus hinging, kamen Menschen zu ihm. Sie wollten geheilt werden, haben Wunder erwartet und gehofft, dass er der König wäre, der sie von den Römern befreien würde. Sogar Jesu Jünger rechneten damit, dass er seine Macht über die politische Lage ausüben würde. Aus diesem Grund waren seine Taten und Worte in der Nacht des letzten Passahmahls fast unbegreiflich für sie.

Zuerst wusch er ihre Füße. Er tat die Arbeit eines Dieners und sagte ihnen dann, dass sie das Gleiche tun sollten. Außerdem kündigte er an, dass einer von ihnen ihn verraten und dass Petrus ihn dreimal verleugnen werde.

Als Nächstes ließ er sie wissen, dass er ihnen eine Stätte im Haus seines Vaters vorbereiten und dann zurückkommen werde, um sie dorthin zu bringen, damit sie bei ihm seien.

Er sagte, dass sie ihm gehorchten, wenn sie ihn liebten. Aber das war nicht alles. Er sagte ihnen auch, dass er seinen Geist sende werde, um in ihnen zu leben, um sie zu befähigen, ihm zu gehorchen, und um sie an alles zu erinnern, was er gesagt hatte.

Und dann sagte er ihnen: *„Ich habe euch das gesagt, damit ihr in meinem Frieden geborgen seid. In der Welt wird man Druck auf euch ausüben. Aber verliert nicht den Mut! Ich habe die Welt besiegt!"* (Joh 16,33).

Wonach streben wir als Christen? Nach Wundern, Heilungen oder einem neuen politischen System? All dies steht in Gottes Macht.

Aber als seine Jünger müssen wir bedenken, was Jesus in jener Nacht sagte. Er sagte voraus, dass wir in dieser Welt Trübsal haben werden. Aber er versprach auch, dass sein Geist in uns wohnen und uns Sieg und Frieden inmitten der Trübsal schenken werde.

Wir folgen dem auferstandenen Retter, der als Gottes williger Diener verfolgt und gekreuzigt wurde. Wir haben den Tröster, der in uns wohnt. Wenn unsere Umstände die Trübsal einschließen, die Jesus vorausgesagt hat, dann können wir auch den Frieden genießen, den er uns gibt.

Anschauungsmaterial

- Bild Nr. 82: „Das Abendmahl"

Lektionsentwurf

Wiederholung der Fragen aus Lektion 11.

⤵ Einleitung

In einem großen Saal im alten Jerusalem bereiteten einige Männer ein besonderes Mahl vor.

- Gebratenes Lamm, ungesäuertes Brot, Wein ...

- Alle wussten, was getan werden musste.

   Das erste Passahmahl hatte etwa 1400 Jahre zuvor stattgefunden.

   Jeder Jude wusste davon und sollte dieses Mahl jährlich feiern – im Gedenken an das, was Gott getan hatte, um die Israeliten aus Ägypten zu befreien.

- Die Jünger deckten den Tisch für sich selbst und für Jesus, der die Anweisungen dazu gegeben hatte.

- Diese dreizehn Männer würden zusammen essen und trinken.

Die Männer hatten keine Ahnung, was in dieser Nacht geschehen sollte.

- Dies war das letzte Mal auf Erden, dass sie das Passah mit Jesus feierten.

- Das Lamm, das Brot und der Wein sollten eine neue Bedeutung bekommen.

- Es war soweit, dass Jesus geopfert werden sollte.

Aber er würde sie nicht allein lassen.

Jesus und seine Jünger trafen sich zum letzten Abendmahl.

✝ Lesen Sie Markus 14,12-16

Bildvorschlag: Bild Nr. 82
„Das Abendmahl"

Jesus wusste, dass das Passahlamm ein Bild von ihm und seinem Tod war.

- Deshalb nahm Jesus gegen Ende des Abendmahls etwas Brot, brach es, gab es seinen Jüngern und sagte ihnen allen, dass sie davon essen sollten.

- Er erklärte, dass das Brot sie an seinen Leib erinnern sollte, der als Zahlung für die Sünde gebrochen werde.

✝ Lesen Sie Markus 14,22

Dann nahm Jesus einen Becher Wein und sagte ihnen, dass sie alle davon trinken sollten.

- Er sagte, dass der Wein sie an sein Blut erinnern sollte, das aus seinem Leib als Zahlung für die Sünde fließen werde.

✝ Lesen Sie Markus 14,23-24

Jesus tröstete die Jünger, indem er ihnen von ihrem himmlischen Zuhause erzählte und ihnen sagte, dass er wiederkommen werde.

Jesu Jünger waren traurig und verwirrt.

- Sie konnten immer noch nicht verstehen, warum Jesus gesagt hatte, dass er sterben würde.

- Sie wollten nicht, dass er sie verließ.

Deshalb gab Jesus ihnen wundervolle Verheißungen, um sie zu ermutigen.

 Bedenken Sie

Diese Verheißungen waren nicht nur für die Jünger, sondern sind für alle, die an Jesus Christus glauben. Sie werden für uns an verschiedenen Stellen im Neuen Testament wiederholt.

Phil 4,6-7

2Kor 5,1-8

Apg 1,7

Lesen Sie Johannes 14,1-3

- Jesus versicherte ihnen, dass sie nicht beunruhigt zu sein brauchten.

- Er sagte, dass es viele Wohnungen im Haus seines Vaters gebe.

- Und dass er ihnen ein Zuhause im Himmel bereite.

- Dann versprach er, dass er selbst wiederkommen werde, um sie in den Himmel zu holen.

1Kor 15,51-57

1Thes 4,13-17; 5,10

Joh 5,24

Lk 23,43

 Bedenken Sie

Jesus bereitet für uns alle eine Stätte, um mit ihm im Himmel zu leben. Jeden Tag können wir uns an diese Verheißung erinnern: „Jesus kommt wieder, um uns nach Hause zu holen, wo wir für immer mit ihm leben werden!"

Uns wird nicht gesagt, wann das sein wird. Aber wenn der Tag kommt, dann werden alle, die als Christen gestorben sind, mit neuen Leibern vom Tod auferweckt werden.

Jesus wird dann auch die Gläubigen, die zu dieser Zeit auf der Erde leben werden, zu sich holen. Dann werden wir alle zusammen mit unsterblichen Körpern in den Himmel eingehen.

Dieses Ereignis wird als die Entrückung der Gläubigen bezeichnet. Wir haben das Versprechen, dass wir bis zu jenem Tag niemals den geistlichen Tod erleiden werden, selbst wenn unsere Leiber sterben. Unsere Seele und unser Geist werden immer beim Herrn sein.

Jesus versprach seinen Jüngern, einen Beistand zu senden, der immer bei ihnen sein werde.

Als Jesus bei seinen Jüngern war, konnten sie ihn um alles bitten, was sie brauchten.

- Aber nun sagte er, dass er sterben werde.

- Das hat sie sicher sehr traurig gemacht.

- Wer sollte ihnen helfen?

- Wer könnte ihnen Weisheit geben, so wie es Jesus für jede Situation getan hat?

Aber Jesus sagte, dass er seinen Vater bitten werde, einen anderen Helfer zu senden.

Lesen Sie Johannes 14,16

- Dieser Beistand würde wie Jesus sein.

Hinweis

Das Wort für „einen anderen" in diesem Vers bedeutet „einen ähnlichen".

- Dieser Beistand würde Jesu Stelle hier auf der Erde einnehmen, um für Gottes Kinder zu sorgen.

- Dieser Beistand würde sie niemals verlassen.

Der Beistand ist der Geist der Wahrheit – der Heilige Geist.

Wer würde dieser „Beistand" sein?

 Lesen Sie Johannes 14,17

Der Geist der Wahrheit ist Gott, der Heilige Geist.

2Petr 1,20-21
- Er ist derjenige, der auserwählte Männer anleitete, Gottes Worte aufzuschreiben.

- Er ist auch derjenige, der die Ideen und Gedanken der Menschen verändert, wenn sie Gottes Wort hören.

- Der Heilige Geist macht eine Person auf die Wahrheit aufmerksam.

- Als wir vor unserer Errettung Gottes Wort hörten, lehrte uns der Heilige Geist die Wahrheit über uns selbst.

- Er ließ uns erkennen, dass wir Sünder sind, die einen Retter brauchen.

1Kor 2,9-16
- Jetzt wirkt der Heilige Geist selbst in uns Gläubigen an unseren Herzen und Gedanken, um uns Gottes Wahrheit zu lehren.

Der Heilige Geist wohnt nicht nur *bei*, sondern *in* den Gläubigen.

Jesus sagte, dass die Jünger – im Gegensatz zur ungläubigen Welt – den Heiligen Geist schon kannten.

Der Heilige Geist war schon „an ihrer Seite".

Als Jesus den Heiligen Geist sandte, damit der seine Stelle einnehme, kam der Heilige Geist nicht nur, um *bei* den Jüngern zu sein, sondern um *in* ihnen zu wohnen.

- Er würde für immer in ihnen wohnen.

- Diese Worte bedeuten, dass er nicht nur bei ihnen hier auf Erden, sondern auch für immer im Himmel in ihnen wohnen wird.

Die Jünger waren immer noch sehr traurig, aber Jesus versicherte ihnen, dass es das Beste sei, wenn er sie verlassen und den Heiligen Geist senden würde, um in ihnen zu wohnen.

 Lesen Sie Johannes 16,6-7

Jesus erklärte seinen Jüngern, dass der Heilige Geist die Augen der Welt auftun würde – im Hinblick auf Sünde, Gerechtigkeit und Gericht.

Ungläubige haben den Heiligen Geist nicht in sich wohnen, aber der Heilige Geist wirkt dennoch an ihren Gedanken und Herzen.

Jesus erklärte, dass der Heilige Geist den Menschen die Wahrheit über Sünde, Gerechtigkeit und das Gericht lehre.

1. **Sünde**

 Lesen Sie Johannes 16,8-9

Jesus will den Heiligen Geist senden, um den Menschen ihre Sündhaftigkeit darin zu zeigen: dass sie sich weigerten, an ihn, den Sohn Gottes und verheißenen Befreier, zu glauben.

2. **Gerechtigkeit**

✝ **Lesen Sie Johannes 16,10**

Die jüdischen Führer hatten gesagt, dass Jesus ein Lügner sei und dass er seine Werke durch die Macht Satans ausführte. Mt 12,22-32

Sie hatten sich schon gemeinsam verschworen, ihn zu töten.

Aber der Heilige Geist sollte kommen, um der Welt zu zeigen, dass Jesus Christus der gerechte Sohn Gottes ist.

Gott zeigte dies, indem er Jesus vom Tod auferweckte! Röm 1,4

Der Heilige Geist sollte die Welt lehren, dass diejenigen, die Jesus ablehnen, die Ungerechten sind.

3. **Gericht**

✝ **Lesen Sie Johannes 16,11**

Gott hatte im Garten Eden versprochen, dass der Same der Frau den Kopf der Schlange zertreten werde. 1Mo 3,15
Kol 2,13-15

Jesus besiegte Satan, die Sünde und den Tod, als er am Kreuz starb und vom Grab wieder auferstand. Offb 20,10-15

Der Tag wird kommen, an dem der Herr Jesus Satan und alle seine Nachfolger in den Feuersee werfen wird, wo sie für immer leiden werden.

Der verheißene Heilige Geist wird lehren, dass alle, die sich weigern, Jesus Christus anzuerkennen, für ihre Sünden gerichtet werden.

Jesus erklärte seinen Jüngern, dass der Heilige Geist die Gläubigen lehren werde.

✝ **Lesen Sie Johannes 14,26**

Jesus hatte die Jünger drei Jahre lang unterwiesen.

Er wusste, dass sie vieles noch nicht verstanden.

- Nach seiner Auferstehung vom Tod und seiner Himmelfahrt zu seinem Vater wird Jesus allen Gläubigen den Heiligen Geist senden.
- Der Heilige Geist wird die Apostel Weiteres lehren, was sie zuvor noch nicht verstanden hatten.
- Und er wird sie an das erinnern, was Jesus ihnen gesagt hatte.

✝ **Lesen Sie Johannes 16,12-15**

Der Heilige Geist wird Jesus Christus verherrlichen.

✝ **Lesen Sie noch einmal Johannes 16,14**

Der Heilige Geist wird Jesus Ehre bringen, indem er die Wahrheit über Jesus Christus in Gottes Wort offenbart.

Der Heilige Geist wirkt heute auf folgende Weise im Leben von uns Gläubigen:

- Durch das Wort Gottes lehrt uns der Heilige Geist die Größe Jesu Christi.
- Er befähigt uns, das neue Leben in Christus zu leben.
- Wenn wir mehr über Christus lernen und in ihm leben, dann wird er verherrlicht.

Gott gab durch den Heiligen Geist Botschaften, die wir als das Neue Testament kennen.

Die Wahrheiten, die der Heilige Geist die Jünger nach Jesu Himmelfahrt lehrte, sind für uns alle niedergeschrieben worden.

Diese Botschaften sind das, was wir als das Neue Testament bezeichnen.

- Die vier Evangelien sind, wie zuvor schon erwähnt, Augenzeugenberichte über das irdische Leben des Herrn Jesus.

- Der Heilige Geist erinnerte die Schreiber der Evangelien an die genauen Worte Christi.

- Im restlichen Neuen Testament ist für die Gläubigen, ja, die ganze Menschheit, festgehalten worden, was Gott durch seine Diener und seine Botschafter gewirkt hat.

Fazit

Wer ist der Heilige Geist?

- Er ist Gott.

- Er ist Jesus ähnlich.

- Er ist unser Helfer und Tröster.

Der Heilige Geist wohnt in uns Gläubigen.

Er lehrt uns und erinnert uns an die Wahrheit über Jesus Christus.

Lassen Sie uns Gott danken, dass er uns den Heiligen Geist gegeben hat, um uns zu helfen und uns mehr über den Herrn Jesus zu lehren.

Fragen

1. Jesus sagte, dass er in den Himmel gehen würde, um etwas für alle Gläubigen vorzubereiten. Was wollte er vorbereiten?

2. In Johannes 14 versprach Jesus, für einen besonderen Zweck wiederzukommen. Was sagte er, dass er bei seiner Wiederkunft tun würde?

3. Wen versprach Jesus, an seiner Stelle auf die Erde zu senden?

4. Bevor Jesus in den Himmel auffuhr, war der Heilige Geist *bei* den Gläubigen, an ihrer Seite. Wie würde sich das nach Jesu Himmelfahrt ändern?

5. Jesus sagte, dass der Heilige Geist die Menschen über drei Tatsachen belehren würde. Welche drei Tatsachen sind das?

6. Was war die große Sünde, über die Jesus sprach?

7. Was war die Bestätigung dafür, dass Jesus gerecht war?

8. Als Jesus am Kreuz starb, begraben wurde und vom Grab auferstand, triumphierte er über Satan, die Sünde und den Tod. Wer wird dem Gericht für die Sünde begegnen müssen?

Anmerkungen für Nachfolger

1. Studieren Sie Johannes 14, und denken Sie darüber nach. Schreiben Sie sich konkrete Verheißungen auf und was sie Ihnen bedeuten.

2. Haben Sie versucht, vor Ihrer Errettung die Bibel zu lesen? Sehen Sie jetzt nach Ihrer Errettung einen Unterschied in Ihrem Verständnis? Als ein Gläubiger haben Sie den Heiligen Geist, der in Ihnen wohnt und Ihnen hilft, Gottes Wort zu verstehen.

   Bevor Sie Ihre „Stille Zeit" in Gottes Wort beginnen, bitten Sie Gott darum, Ihnen zu helfen, sein Wort zu verstehen und daraus zu lernen. Beten Sie, dass der Herr Jesus in Ihrem Leben verherrlicht wird. Erinnern Sie sich daran, dass Sie in Christus sind. Durch ihn haben Sie ständigen Zugang zu Ihrem himmlischen Vater. In der Heiligen Schrift wird uns gesagt, dass wir im Namen des Sohnes und in der Kraft des Heiligen Geistes zum Vater beten sollen. Welch ein Vorrecht, als sein geschätztes Kind zu Gott zu gehören!

Anmerkungen für Nachfolger sind freiwillige Aktivitäten, die Sie den Kursteilnehmern für ihr persönliches geistliches Leben anbieten können. Sie sind nicht als Hausaufgaben gedacht, sondern als Angebot für diejenigen, die im Glauben wachsen möchten.

Ermutigen Sie die Teilnehmer, sich mit diesen Aufgaben zu beschäftigen, aber setzen Sie sie nicht unter Druck.

Wenn Sie am Ende der Lektion noch Zeit haben, bietet sich vielleicht die Möglichkeit, dass einige der Teilnehmer von ihren persönlichen Studien erzählen.

Jesus, unser einzigartiger Befreier

Bibelabschnitte: Markus 14,32.42-46.53-65; 15,1-47; Lukas 24,1-49; Apostelgeschichte 1,1-5.8-11

Lektionsziele

- die Bibelstellen über den Tod, das Begräbnis, die Auferstehung und die Himmelfahrt Jesu Christi nochmals durchzugehen;
- das Werk des Heiligen Geistes nochmals zu betrachten;
- die Kursteilnehmer darauf vorzubereiten, den Dienst des Heiligen Geistes in der Apostelgeschichte zu verstehen.

Diese Lektion soll den Kursteilnehmern helfen

- sich daran zu erinnern, was Jesus Christus für sie getan hat;
- sich an das Werk des Heiligen Geistes zu erinnern;
- sich auf das Studium der Apostelgeschichte zu freuen.

⤧ Überblick

Diese Lektion behandelt die Ereignisse von der Gefangennahme Jesu bis zu seinem Dienst nach der Auferstehung und seiner Himmelfahrt.

Diese Lektion gibt auch einen Rückblick auf das, was bisher über den Dienst des Heiligen Geistes gelehrt wurde. Das soll die Kursteilnehmer auf ein späteres Studium der Apostelgeschichte vorbereiten.

Zusatzinformationen für den Kursleiter

Demut, Unterordnung, Leid, Tod, Macht, Sieg – es scheint seltsam, diese Wörter miteinander zu verbinden. Aber sie beschreiben unseren Herrn Jesus, als er sich hingab, um zu sterben, und als er aus dem Grab auferstand. Der heilige Gott demütigte sich, um die Strafe für die Sünden der ganzen Menschheit auf sich zu nehmen. Aber der Tod konnte ihn nicht halten. Er ist vom Tod auferstanden! Erstaunlich? In der Tat! Aber kein historisches Ereignis hätte eine deutlichere Sprache sprechen können.

Dieser Retter, Jesus Christus, lebt! Er sitzt zur Rechten des Vaters. Und er wird wieder zur Erde zurückkehren.

Noch erstaunlicher ist die Tatsache, dass unser Retter, der unseretwegen bestraft wurde, den Tod besiegt hat und der auferstandene König ist, entschieden hat, in uns zu wohnen, die wir an ihn glauben.

Die erstaunlichste Geschichte, die jemals erzählt wurde, ist vollkommen wahr. Lassen Sie uns durch die Kraft Gottes, des Heiligen Geistes, der in uns wohnt, weiter diese gute Botschaft verbreiten, bis alle Menschen überall die Möglichkeit bekommen haben, sie zu hören!

Anschauungsmaterial

- Bild Nr. 84: „Jesus wird gefangen genommen"
- Bild Nr. 85: „Jesus vor Pilatus"
- Bild Nr. 86: „Die Soldaten verspotten Jesus"
- Bild Nr. 87: „Die Kreuzigung"
- Bild Nr. 88: „Die Auferstehung"
- Bild Nr. 90: „Die Himmelfahrt"

Lektionsentwurf

Wiederholung der Fragen aus Lektion 12.

Einleitung

Was ist am christlichen Glauben einzigartig?

- ein leeres Grab
- Vergebung der Sünden
- ewiges Leben
- ein wahres und lebendiges Buch, das von unserem Schöpfer geschrieben wurde
- ein Helfer, der in uns wohnt
- ein Retter, der verspricht, wiederzukommen
- eine Stätte, wo wir für immer mit ihm leben werden u.v.m.

Diese Dinge unterscheiden den christlichen Glauben von anderen Religionen.

- Wir folgen nicht einer Liste von Regeln, sondern einer Person – unserem lebendigen Retter Jesus Christus.
- Wir werden nicht aufgrund unserer guten Werke angenommen, sondern aufgrund seines vollendeten Werkes für uns an einem römischen Kreuz.

Dort nahm Jesus die Strafe für die Sünden aller Menschen auf sich.

Jesus hat alles zugelassen, die Festnahme, Gerichtsverhandlung, die Kreuzigung und sein Begräbnis.

Joh 14; 16
Joh 13,30

Jesus aß das Passahmahl mit seinen Jüngern und lehrte sie über den kommenden Heiligen Geist.

Joh 18,1

- Während des Mahls ging Judas hinaus, um Jesus zu verraten.
- Nach dem Mahl führte Jesus alle seine anderen Jünger zu einem Garten namens Gethsemane, der außerhalb der Stadtmauern Jerusalems lag.

✝ Lesen Sie Markus 14,32

Während Jesus zu seinem Vater betete, kam Judas mit einer Gruppe von bewaffneten Männern, um ihn festzunehmen.

Bildvorschlag: Bild Nr. 84 „Jesus wird gefangen genommen"

Mk 14,34-36
Lk 22,42-44

Jesus wusste, dass sie kommen, aber er stellte sich willig darauf ein, gefangen genommen zu werden.

- Er wusste, dass man ihn kreuzigen würde.
- Er gab sich willig hin, um für unsere Sünden zu sterben.

✝ Lesen Sie Markus 14,42-46.53-65

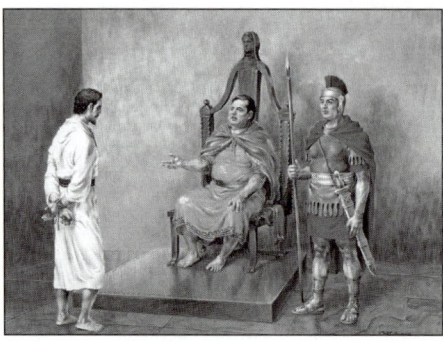

Bildvorschlag: Bild Nr. 85
„Jesus vor Pilatus"

✝ Lesen Sie Markus 15,1-15

Bildvorschlag: Bild Nr. 86
„Die Soldaten verspotten Jesus"

✝ Lesen Sie Markus 15,16-23

Bildvorschlag: Bild Nr. 87
„Die Kreuzigung"

✝ Lesen Sie Markus 15,24-47

Jesus ist von den Toten auferstanden.

✝ Lesen Sie Lukas 24,1-12

Bildvorschlag: Bild Nr. 88
„Die Auferstehung"

Nach seiner Auferstehung erschien Jesus seinen Jüngern und lehrte sie.

Jesus erklärte seinen Jüngern die Notwendigkeit und den Zweck seines Todes, seines Begräbnisses, seiner Auferstehung und seiner Himmelfahrt.

Er unterwies sie aus dem Alten Testament.

 Lesen Sie Lukas 24,13-48

Jesus gab seinen Jüngern die Anweisung, auf den Heiligen Geist zu warten.

Joh 14,16-17; 16,7 — Vor seiner Festnahme hatte Jesus versprochen, dass er den Heiligen Geist senden würde, um in den Gläubigen zu wohnen.

Jetzt, nach seiner Auferstehung, sagte er seinen Jüngern, dass sie auf die baldige Erfüllung dieser Verheißung warten sollten.

 Lesen Sie Lukas 24,49

 Lesen Sie Apostelgeschichte 1,3-5

Gottes Wort sagt uns vieles über den Heiligen Geist.

Lassen Sie uns noch einmal betrachten, was wir über den Heiligen Geist gelernt haben.

Der Heilige Geist ist Gott.

Ps 90,2
Jes 9,6
Hebr 9,14
1Mo 1,1-2
Kol 1,15-17
1Mo 1,26

- Gott-Vater, Gott-Sohn und Gott-Heiliger Geist existieren von ewig her als der eine Gott, der eine Einheit in drei Personen ist.

    Gott-Vater, Gott-Sohn und Gott-Heiliger Geist waren alle an der Schöpfung beteiligt.

    Der Heilige Geist war an der Schöpfung der Welt und allem beteiligt, was in der Welt ist.

    Als Gott sagte: *„Lasst uns Menschen machen als Abbild von uns"*, meinte er das Abbild von Gott-Vater, Gott-Sohn und Gott-Heiligem Geist.

- In 1. Mose 6 sprach Gott, der Heilige Geist, durch Noah zu den Menschen, um sie vor der kommenden Flut zu warnen.

- Zu verschiedenen Zeiten im Alten Testament befähigte der Heilige Geist einzelne Leute, damit sie die Aufgaben tun konnten, die Gott ihnen zugewiesen hatte.

1Mo 41,38

    Der Heilige Geist gab Josef Weisheit, damit er Pharaos Träume deuten konnte.

2Mo 31,1-3

    Der Heilige Geist gab Bezalel Weisheit, damit er die Stiftshütte samt ihrer Ausstattung gemäß den Anweisungen, die Gott Mose gegeben hatte, aufbauen konnte.

Ri 2,16-18
1Sam 10,6

    Nach dem Tod Josuas befähigte der Heilige Geist die Richter Israels, die Israeliten von ihren Feinden zu befreien.

1Sam 16,14
1Sam 16,12-13

    Als Saul zum König gesalbt wurde, kam der Heilige Geist auf ihn, um ihn zu befähigen, als Israels König und Gottes Repräsentant zu dienen.

2Tim 3,16
Lk 1,15.44

    Aber als Saul Gott ungehorsam war, verließ der Heilige Geist ihn.

    Gott erwählte David als nächsten König.

Lk 1,17.76-77

    Der Heilige Geist kam auf David, um ihn zu befähigen, Gott von ganzem Herzen mit Weisheit und Erfolg zu dienen.

Mt 3,11
Lk 1,35
Lk 4,1.14.18

    Der Heilige Geist leitete Gottes Propheten, sodass sie Gottes Botschaften genau mitteilen und niederschreiben konnten.

Mt 3,16

- Das Neue Testament bezeugt, dass Johannes der Täufer sogar vor seiner Geburt vom Heiligen Geist erfüllt war.

Röm 1,4
Joh 14,16

    Der Heilige Geist leitete Johannes, um den Weg für den kommenden Befreier zu bereiten.

Johannes sagte den Menschen, dass der kommende Befreier Gottes Volk mit dem Heiligen Geist taufen würde.

- Durch das Wirken des Heiligen Geistes wurde Maria, eine Jungfrau, zur Mutter Jesu, des Sohnes Gottes.

- Jesus war in seinem ganzen Leben beständig mit der Kraft des Heiligen Geistes erfüllt.

  Nach Jesu Taufe kam der Heilige Geist auf eine besondere Weise vom Himmel herab und blieb bei Jesus.

  Jesu Wundertaten, sein Tod und seine Auferstehung zeigten, dass er mit Gott, dem Vater, und mit Gott, dem Heiligen Geist, eins war.

- Jesus sagte seinen Jüngern, dass er den Heiligen Geist senden würde – nicht nur, um *bei* ihnen zu sein, sondern um *in* ihnen zu sein, und zwar für immer.

 Bedenken Sie

Zur Zeit des Alten Testaments kam der Heilige Geist zu Menschen, um sie zu befähigen, Gottes Werk zu tun. Aber die Heilige Schrift beschreibt auch Situationen, in denen der Herr beschloss, die Kraft des Heiligen Geistes von den Menschen wieder wegzunehmen – sobald ihr besonderer Dienst verrichtet worden war oder wenn sie im Ungehorsam gegen ihn verharrten.

Ri 14,19; 16,20

1Sam 16,14

Aber der Herr Jesus versprach, dass er nach seiner Himmelfahrt den Heiligen Geist senden würde, damit er für immer in allen Gotteskindern lebt.

Jesus versprach, die Jünger zu befähigen, seine Zeugen zu sein.

 Lesen Sie Apostelgeschichte 1,8

Jesus möchte, dass alle Menschen überall von seiner Geburt, seinem Leben, seinem Tod, seinem Begräbnis, seiner Auferstehung und seiner Himmelfahrt zum Vater erfahren.

Jesus versprach, den Heiligen Geist zu senden, um die Gläubigen zu befähigen, seine Zeugen zu sein.

- Niemand kann diese Aufgabe mit menschlicher Weisheit oder Kraft tun.

Kol 1,29

- Nur Gott, der Heilige Geist, kann einen Menschen überzeugen, dass die Bibel wahr ist.

Jesus fuhr in den Himmel auf.

Nach seiner Auferstehung blieb Jesus vierzig Tage auf der Erde.

Apg 1,2-3

- Er zeigte, dass er wirklich vom Tod auferstanden ist.

- Er lehrte seine Nachfolger.

- Er bereitete sie darauf vor, den Heiligen Geist zu empfangen.

Jetzt war er bereit, zu seinem Vater im Himmel zurückzukehren.

Bildvorschlag: Bild Nr. 90 „Die Himmelfahrt"

 Lesen Sie Apostelgeschichte 1,9

Jesus wird wiederkommen.

 Lesen Sie Apostelgeschichte 1,10-11

Gott hat uns nicht gesagt, an welchem Tag Jesus wiederkommen wird.

Aber er hat versprochen, *dass* er wiederkommen wird.

- Diejenigen von uns, die an ihn glauben, können diese freudige Gewissheit haben, dass sie die Ewigkeit mit ihm verbringen werden.

Offb 20,15
2Kor 5,18-20
- Aber denjenigen, die ihn nicht kennen, bringt die Ewigkeit nur die endgültige Trennung von Gott und die Bestrafung für ihre Sünden.

Als Gläubige haben wir das Vorrecht, anderen Menschen von unserem wunderbaren Erretter zu erzählen.

Und genau das taten Jesu Jünger!

Die Apostelgeschichte ist ein Bericht von der Verbreitung des christlichen Glaubens nach der Auferstehung Jesu.

Wir haben schon einige Verse aus der Apostelgeschichte betrachtet.

Apg 1,1
Die Apostelgeschichte wurde von demselben Mann geschrieben, der das Lukasevangelium verfasste.

- Der Heilige Geist befähigte Lukas, einen Arzt, diese zwei historischen Berichte zu schreiben.

- Das Lukasevangelium berichtet von den Ereignissen seit der Geburt Johannes' des Täufers bis zur Himmelfahrt Jesu Christi.

- Die Apostelgeschichte berichtet von den Ereignissen nach der Himmelfahrt Jesu Christi.

    In der Apostelgeschichte lesen wir davon, was Jesus in und durch seine Apostel tat. Das alles geschah durch die Kraft des Heiligen Geistes, der in ihnen wohnte.

Lk 6,13
Jesus bezeichnete die zwölf Jünger [1], die er auswählte, als „Apostel".

Diese Männer wählte Jesus aus, um sein Evangelium auf der Welt zu verbreiten.

 ## Fazit

Jesus Christus erwählte gewöhnliche Menschen als seine Nachfolger.

Apg 4,13
Durch die Kraft des Heiligen Geistes veränderte Jesus diese Menschen, um sein Werk zu tun.

Joh 19,30
Hebr
10,12
Sein Werk auf Erden vollendete Jesus Christus als ein Mensch.

Aber sein großes Werk in den Menschen hatte gerade erst angefangen.

Lassen Sie uns Gott für all das danken, was er für uns durch Jesus Christus getan hat!

[1] Judas hatte Jesus verraten, weshalb er nicht am apostolischen Dienst beteiligt war. Apostelgeschichte 1,15-26 enthält den Bericht darüber, wie Matthias gewählt wurde, um die Stelle von Judas einzunehmen. Später wurde Paulus vom aufgefahrenen Christus zum Apostel berufen.

✏ Fragen

1. Was tat Jesus in den vierzig Tagen nach seiner Auferstehung?

   _____

   _____

2. Wen versprach Jesus, vom Himmel zu senden?

   _____

   _____

3. Im Alten Testament kam der Heilige Geist auf Menschen, um sie zu befähigen, bestimmte Dinge zu tun, die Gott von ihnen wollte. Jesus versprach, dass er nach seiner Ankunft im Himmel den Gläubigen den Heiligen Geist senden werde. Was sollte aber an der Beziehung zwischen dem Heiligen Geist und den Christen anders sein?

   _____

   _____

   _____

   _____

   _____

4. Was sagte Jesus in Apostelgeschichte 1,8, wozu der Heilige Geist die Gläubigen befähigen werde?

   _____

   _____

5. Was sagten die Engel zu den Jüngern nach der Himmelfahrt Jesu?

   _____

   _____

Anmerkungen für Nachfolger

1. Nichts in der Menschheitsgeschichte gleicht dem Bericht über den Tod, das Begräbnis und die Auferstehung Jesu Christi. Viele Wissenschaftler, die es sich zur Aufgabe gemacht hatten, diese Tatsachen zu widerlegen, haben schlussendlich Christus als ihren Erretter angenommen. Unser Glaube beruht auf wahren, historischen Tatsachen. Jesus Christus war vollkommen Gott und vollkommen Mensch. Er lebte und wirkte auf dieser Erde. Er starb, wurde begraben und ist auferstanden. Er fuhr in den Himmel auf. Er lebt heute im Himmel!

   Ganz gleich, wie wir uns fühlen, unser Glaube ist in einer echten, lebendigen Person verwurzelt – Jesus Christus.

   Wenn unsere Gefühle schwanken oder wenn der Feind versucht, in uns Zweifel aufkommen zu lassen, dann können wir zu Gottes Wort kommen. Gottes Wort steht fest und wird für immer bestehen bleiben.

2. Schreiben Sie weiter in Ihr Tagebuch, was der Herr Sie beim Bibelstudium lehrt.

Anmerkungen für Nachfolger sind freiwillige Aktivitäten, die Sie den Kursteilnehmern für ihr persönliches geistliches Leben anbieten können. Sie sind nicht als Hausaufgaben gedacht, sondern als Angebot für diejenigen, die im Glauben wachsen möchten.

Ermutigen Sie die Teilnehmer, sich mit diesen Aufgaben zu beschäftigen, aber setzen Sie sie nicht unter Druck.

Wenn Sie am Ende der Lektion noch Zeit haben, bietet sich vielleicht die Möglichkeit, dass einige der Teilnehmer von ihren persönlichen Studien erzählen.

New Tribes Mission wurde 1942 von Paul Fleming gegründet.

Sein leidenschaftlicher Appell: „Wir wollen in dieser Generation alle Volksgruppen mit dem Evangelium von Jesus Christus erreichen" ist auch heute noch unser Fokus.

Das Ziel von NTM ist die Gründung einheimischer Gemeinden unter den Völkern, die bisher noch keinen Zugang zur biblischen Botschaft in ihrer Herzenssprache haben.

Unsere Mitarbeiter erlernen deshalb zunächst die Sprache und Kultur der Menschen, unter denen sie leben. Sie leisten medizinische Arbeit und andere Entwicklungshilfe, geben Alphabetisierungskurse und arbeiten an der Übersetzung der Bibel.

Während die Missionare Beziehungen bauen, möchten sie die Botschaft der Bibel chronologisch von der Schöpfung bis zum Kommen von Jesus Christus erklären, um ein festes Fundament für den Glauben zu legen. Nur wenn reifende und selbstständige einheimische Gemeinden entstanden sind, die Gott dadurch ehren, dass sie wiederum neue Gemeinden gründen, sehen wir unsere Aufgabe als abgeschlossen an. Deshalb unterrichten die Missionare die Gläubigen auch weiterhin systematisch, um sie in der Nachfolge zu stärken.

Heute arbeiten Mitarbeiter aus vielen verschiedenen Nationen in über 250 Volksgruppen an der Verbreitung der biblischen Botschaft. NTM-Missionare haben das Neue Testament oder Teile davon in mehr als 150 Sprachen übersetzt. Um diesen Dienst überhaupt zu ermöglichen, haben wir ein weltweites Mitarbeiterteam in unterstützenden Aufgaben, die an Schulen für Missionarskinder mitarbeiten, in der fachlichen Beratung von Missionaren, im Flugdienst und in administrativen Aufgaben.

NTM hat in verschiedenen Ländern einen Missionsvorbereitungskurs, um angehende Missionare für kulturübergreifende Gemeindegründung unter unerreichten Volksgruppen auszubilden.

Als NTM-Deutschland möchten wir diesen Dienst zusammen mit örtlichen Gemeinden wahrnehmen. Als Ansprechpartner für die Missionare und ihre Heimatgemeinden betreuen wir die Mitarbeiter im Ausland und begleiten zukünftige Missionare auf ihrem Weg in die Mission. Wir berichten auch in Gemeinden von der Arbeit und motivieren, an dem Missionsauftrag teilzunehmen.

NTM-Deutschland
Scheideweg 44
42499 Hückeswagen
Telefon: 02192 – 93670
Telefax: 02192 – 936729
E-Mail: info@ntmd.org
Internet: www.ntmd.org

Trevor McIlwain

GEBORGEN IN CHRISTUS

Auf festen Grund gebaut - 1

Broschiert, 160 Seiten
Format: 20 x 27 cm

ISBN 978-3-95473-005-6
Best.-Nr. 682 005

EUR 16,95

Trevor McIlwain war viele Jahre der internationale Koordinator für Gemeindegründung der *New Tribes Mission* (NTM). Er und seine Frau haben als Missionare auf den Philippinen gearbeitet und mehrere Jahre an der Missionsschule von NTM in Australien unterrichtet. Trevor und Fran McIlwain haben zwei erwachsene Kinder.

Nancy Everson, Jg. 1947, hat viele Jahre bei NTM-USA im missionseigenen Verlag mitgearbeitet. Sie hat maßgeblich dazu beigetragen, dass die chronologischen Bibellektionen, die Trevor McIlwain ursprünglich für die Palawano erarbeitet hatte, auch in anderen Sprachen erscheinen konnten.

Warum ist Jesus Christus für jeden Gläubigen so zentral? Was haben Christen mit dem Alten Testament zu tun? Wieso ist Jesus der rote Faden durch die ganze Bibel? Als Christen müssen wir auf diese Fragen antworten können, denn sie betreffen unser Glaubensfundament.

Diese 13 Lektionen helfen – besonders neuen - Gläubigen, die biblische Grundlage für ihre Sicherheit in Christus zu verstehen. Bei einem Gang durch die Heilsgeschichte lesen Sie viele Begebenheiten des Alten Testaments mit dem Fokus auf Jesus Christus: Er ist das Opferlamm, ihm begegnen wir in der Stiftshütte, er ist das Licht, das Brot des Lebens, der große Befreier ... Lesen Sie das Alte Testament aus einer neuen Perspektive!

Der Kurs ist vielseitig einsetzbar:
- für das Einzel- oder Gruppenstudium
- als Lehrmaterial für den biblischen Unterricht
- als Grundlage für eine Predigtreihe
- als Leitfaden für die Bibelstunde.

Machen Sie diesen Kurs allein oder als Gruppe, mit Neubekehrten oder einer ganzen Gemeinde, damit Ihr Glaube wirklich auf festen Grund gebaut ist!

Auf www.rigatio.com erhalten Sie zusätzliches kostenloses Material.

Demnächst: Weitere Titel dieser Reihe

Kurs 2:
Gemeinde in Christus

Kurs 3:
Gerecht in Christus

Kurs 4:
Erlöst in Christus

Sich
und andere
im Glauben
fördern

rigatio I Carl-Benz-Straße 2 I 57299 Burbach I Deutschland
Ein Verlag der Buhl Data Service GmbH

www.rigatio.com

Nancy Leigh DeMoss / Tim Grissom

NEU BELEBT VON IHM

Ein Arbeitsbuch für Einzelne und Gruppen

praxis

Broschiert, 272 Seiten
Format: 20 x 27 cm

ISBN 978-3-95473-003-2
Best.-Nr. 682 003

EUR 19,95

Nancy Leigh DeMoss ist Autorin verschiedener Bücher (u.a. *Lügen, die wir Frauen glauben*), täglich für die Radiosendungen *Revive Our Hearts* und *Seeking Him* „on air" und eine international gefragte Referentin auf Frauenkonferenzen.

Tim Grissom ist freiberuflicher Autor und Chefredakteur von *FamilyLife*. Er hat zahlreiche Artikel geschrieben und Beiträge für verschiedene Bücher verfasst. Als Ältester ist er im Gemeindedienst aktiv.

Sind Sie manchmal müde von dem Versuch, ein guter Christ zu sein? Sind Sie überlastet mit Gemeindeaktivitäten? Fühlen Sie sich geistlich leer? Dann möchte Gott Sie neu beleben und Ihnen eine persönliche Erweckung schenken!

Neu belebt von Ihm ist ein praktischer 12-Wochen-Kurs, der Ihnen hilft, zu einer tieferen Beziehung mit Gott zu finden und neu die Freude seiner Gegenwart zu erleben.

Bearbeiten Sie verschiedene Bereiche des geistlichen Lebens und dringen Sie tiefer ein in den Reichtum und die Fülle, die Gott Ihnen geben möchte.

Neu belebt von Ihm können Sie allein, in der Gruppe und sogar mit der ganzen Gemeinde durcharbeiten.

plus www.rigatio.com

- Leitfaden für Gruppenleiter
- Gebetskarten
- Bibelverskarten
- Predigtskizzen mit Präsentationen
- Checkliste für persönliche Erweckung

Sich und andere im Glauben *fördern*

rigatio I Carl-Benz-Straße 2 I 57299 Burbach I Deutschland
Ein Verlag der Buhl Data Service GmbH

www.rigatio.com

praxis

Eddie Rasnake

MIT MEINER GABE DIENEN

Ein 12-Wochen-Kurs für Einzelne und Gruppen

Broschiert, 240 Seiten
Format: 20 x 27 cm

ISBN 978-3-95473-004-9
Best.-Nr. 682 004

EUR 18,95

Eddie Rasnake ist seit über 20 Jahren als Pastor tätig, nachdem er zuvor sieben Jahre mit *Campus für Christus* unterwegs war. Der Schwerpunkt seiner Arbeit liegt im Bereich Jüngerschaftstraining und Schulung von Ältesten. Er ist außerdem Autor zahlreicher Bücher zu biblischen Themen. Eddie und seine Frau Michele leben mit ihren vier Kindern in Chattanooga, Tennessee.

Wollen Sie Ihre geistliche Gabe entdecken? Möchten Sie durch Ihren Dienst Frucht bringen? Suchen Sie nach einer Gelegenheit, Ihre Gabe in der Gemeinde einzusetzen? Dann finden Sie in diesem Kurs alles Wichtige dazu.

Dieser praktische 12-Wochen-Kurs zeigt, wie man seine Gabe entdeckt, trainiert, sich in ihr bewährt und anderen damit dient.

Für jeden Gläubigen ein grundlegendes Thema. Gut gegliedert behandelt der Kurs anhand der Bibel die unterschiedlichen Arten von Geistesgaben, erklärt ihre Bedeutung und zeigt ihren Platz in der Gemeinde heute.

Machen Sie diesen Kurs allein oder mit anderen und lassen Sie sich neu dazu motivieren, Ihre Zeit und Energie gezielt zu einem effektiven Dienst für Gott zu investieren.

plus www.rigatio.com

- Leitfaden für Gruppenleiter
- Bibelverskarten
- Gabentest

Sich
und andere
im Glauben
fördern

rigatio I Carl-Benz-Straße 2 I 57299 Burbach I Deutschland
Ein Verlag der Buhl Data Service GmbH

www.rigatio.com